홍길동전

The Story of Hong Gildong

머리말

"다락원 한국어 학습문고" 시리즈는 대표적인 한국 문학 작품을 한국어 학습자들의 읽기 수준에 맞도록 재구성하여 쉽고 재미있게 독해력을 증진할 수 있도록 하였습니다. '국제 통용 한국어 표준 교육 과정'과 '한국어 교육 어휘 내용 개발'을 기준으로 초급부터 고급(A1~C2)으로 구분하여 지문을 읽으면서 각자의 수준에 맞는 필수 어휘와 표현을 자연스럽게 익힐 수 있습니다.

시대적 배경과 관련된 어휘에는 별도의 설명을 추가하여 그 당시 문화에 대해 이해하면서 본문을 읽을 수 있도록 하였습니다. 더불어 의미 전달에 충실한 번역문과 내용 이해 문제를 수록하여 자신의 이해 정도를 점검하고 확인할 수 있도록 하였고, 전문 성우가 직접 낭독한 음원을 통해 눈과 귀를 동시에 활용한 독해 연습이 가능하도록 하였습니다.

"다락원 한국어 학습문고" 시리즈를 통해 보다 유익하고 재미있는 한국어 학습이 되시길 바랍니다.

다락원 한국어 학습문고
저자 대표 **김유미**

Preface

The Darakwon Korean Readers series adapts the most well-known Korean literary works to the reading levels of Korean language learners, restructuring them into simple and fun stories that encourage the improvement of reading comprehension skills. Based on the "International Standard Curriculum for the Korean Language" and "Research on Korean Language Education Vocabulary Content Development", the texts have been graded from beginner to advanced levels (A1–C2) so that readers can naturally learn the necessary vocabulary and expressions that match their level.

With supplementary explanations concerning historical background, learners can understand the culture of the era as they read. In addition, students can assess and confirm their understanding with the included reading comprehension questions and translations faithful to the meaning of the original text. Recordings of the stories by professional voice actors also allow reading practice through the simultaneous use of learners' eyes and ears.

We hope that the Darakwon Korean Readers series will provide learners with a more fruitful and interesting Korean language learning experience.

Darakwon Korean Readers
Kim Yu Mi, Lead Author

일러두기

How to Use This Book

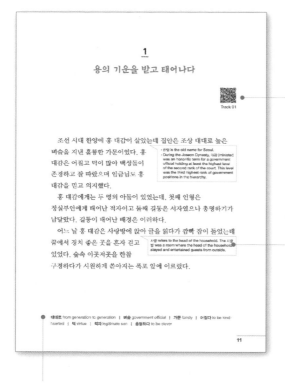

듣기 Listening

QR 코드를 통해 전문 성우가 녹음한 정확하고 생생한 작품 낭독을 들을 수 있습니다.

Using the corresponding QR codes, learners can access professional recordings of the story.

해설 Notes

학습자들이 내용을 이해하는 데 필요한 한국어 문법, 표현, 어휘, 속담, 문화적 배경 등을 알기 쉽게 설명해 줘서 별도로 사전을 찾을 필요가 없도록 하였습니다.

Explanations of essential Korean grammar, expressions, vocabulary, proverbs, cultural background, etc. are provided to learners to aid understanding without the need to consult a separate dictionary.

어휘 설명 Vocabulary Explanation

각 권의 수준에 맞춰 본문에서 꼭 알아야 하는 필수 어휘를 영어 번역과 함께 제시하였습니다.

English translations are provided for the essential vocabulary matched to the level of each title.

내용 이해하기 Reading Comprehension

다양한 문제를 통해 본문 내용 이해와 함께 해당 레벨에서 알아야 할 문형과 어휘를 다시 한번 확인할 수 있습니다.

Learners can check their understanding of the main text while also reviewing the essential sentence patterns and vocabulary for their level through various comprehension questions.

본문 번역 Text Translations

한국어 본문 내용을 정확히 이해할 수 있도록 의미 전달에 충실한 영어 번역을 수록하였습니다.

An English translation faithful to the main text is included to ensure an exact understanding of the original Korean story.

모범 답안 Answers

모범 답안과 비교하며 자신의 이해 정도를 스스로 평가하고 진단할 수 있습니다.

Learners can self-evaluate and assess their level of understanding by comparing their answers to the answer key.

작품 소개

홍길동전

"홍길동전"은 17세기 허균에 의해 지어진 한국 최초의 한글 소설로서 작자인 허균은 어렵고 가난하게 사는 백성들에게 희망을 주고 싶어서 누구나 쉽게 읽을 수 있는 한글로 소설을 썼다.

허균은 조선 중기 사회 모순을 비판한 문신 겸 소설가이다. 당대 이름 있는 가문의 자제로, 자유분방한 삶과 파격적인 학문을 했던 인물이었다. 그는 평소 불교에 대해서도 호의적이어서 여러 명의 승려와 교류했고 신분적 한계로 인해 불운한 삶을 사는 서자들과도 교류했다. 또한 기생과도 문학적으로 교류할 정도로 당시로서는 자유분방한 생활을 하였고 그런 태도가 학문에도 반영되었다. 그는 굴곡 있는 삶을 살았던 정치가이자, 자기 꿈의 실현을 바라던 백성들을 사랑하는 사상가였다.

"홍길동전"은 영웅 소설로, '홍길동'이라는 인물이 신기한 도술로 못된 관리들을 혼내 주고 재물을 훔쳐 가난한 백성들을 도와주는 따뜻한 모습을 보여 준다.

그리고 그가 살던 당시 사회는 엄격하게 신분이 정해져 있던 사회였으나 "홍길동전"을 통해 신분 차별을 없애자고 주장하며, 능력 있는 지도자와 율도국 같은 이상국을 꿈꾸는 사회 정의에 대한 생각도 담고 있다.

'홍길동'은 자아실현을 위해 험난한 과정을 겪는데 서자에서 활빈당 대장으로, 국가의 관리, 그리고 마지막에는 율도국이라는 나라의 왕으로, 자신의 꿈을 실현하게 된다. 자신이 가지고 태어난 한계를 한탄하고 괴로워하기만 했다면 결코 있을 수 없는 일이다. '홍길동'이 어떻게 난관을 이기고 극복했는지, 그리고 어떻게 자기의 꿈을 이루었는지 읽어 보자.

Introduction to the Story

The Story of Hong Gildong

"The Story of Hong Gildong," written by Heo Gyun in the 17th century, is Korea's first novel written in Hangeul; as Heo Gyun wanted to give hope to the common people who were living difficult or poor lives, he wrote the novel in Hangeul so that anyone could read it easily.

Heo Gyun was a mid-Joseon era civil official and novelist who criticized the contradictions of society. As the son of a prominent family of the times, he lived a free-spirited life as an unconventional scholar. He was ordinarily sympathetic toward Buddhism, interacting with several monks, as well as with illegitimate sons who lived unhappy lives due to the limitations of their class. He lived a free-spirited life for the times, to the point that he interacted intellectually with *gisaeng*, and this attitude was reflected in his writing. He was a political man who lived a colorful life, and a thinker who loved the commoners who hoped to make their dreams come true.

"The Story of Hong Gildong" is a novel about a hero and portrays a kindly image of a character named Hong Gildong, who uses amazing magic powers to punish wicked officials and steal riches in order to help the poor commoners.

And though society in Heo Gyun's time was one of strictly defined classes, through "The Story of Hong Gildong," he argued for eliminating discrimination by class, and included his thoughts on the social justice he dreamed of in the form of a capable leader and an ideal country like Yuldo.

Hong Gildong goes through difficult ordeals in the name of self-realization, and from being an illegitimate son to becoming the leader of the Hwalbindang, a government official, and finally the king of the country called Yuldo, his dreams become reality. If he had merely lamented over and suffered with the limitations he was born with, this could never have happened. Let's read about how Hong Gildong overcame difficulties and achieved his dreams.

목차
Table of Contents

홍길동전

The Story of Hong Gildong

등장인물
Characters

홍길동
Hong Gildong

홍 대감과 노비 춘섬 사이에서 태어난 아들로 글재주와 무예가 뛰어나다. 그러나 신분 문제로 가슴에 한을 가지고 살아간다.

The son of Minister Hong and the servant Chunseom, he has excellent writing and martial arts skills. However, he carries resentment in his heart due to problems caused by his status.

홍 대감
Minister Hong

홍길동의 아버지이다. 어질고 바른 성품으로 존경받는 정승이지만 마음과는 다르게 길동을 엄하게 대한다.

Hong Gildong's father. He is respected as a minister due to his kind-hearted and proper character, but contrary to his feelings, he treats Gildong harshly.

춘섬
Chunseom

길동의 어머니이다. 노비이지만 홍길동을 낳고 홍 대감의 첩이 된다. 신분 문제로 괴로워하는 아들을 보며 가슴 아파한다.

Gildong's mother. Although a servant, she gave birth to Hong Gildong and became Minister Hong's concubine. It hurts her to see her son suffer due to the problems caused by his status.

홍인형
Hong Inhyeong

길동의 의붓형이다. 홍 대감과 정실부인 유 씨가 낳은 아들로 길동을 진정한 동생으로 생각하지 않는다.

Gildong's older step-brother. The son of Minister Hong and his lawful wife, Madam Yu, Inhyeong does not think of Gildong as a real sibling.

초란(곡산모)
Choran (Mother Goksan)

홍 대감의 첩이다. 홍길동과 춘섬을 해치려고 많은 일을 꾸민다.

Minister Hong's concubine. She devises many things to harm Hong Gildong and Chunseom.

1

용의 기운을 받고 태어나다

Track 01

조선 시대 한양에 홍 대감이 살았는데 집안은 조상 대대로 높은
벼슬을 지낸 훌륭한 가문이었다. 홍
대감은 어질고 덕이 많아 백성들이
존경하고 잘 따랐으며 임금님도 홍
대감을 믿고 의지했다.

> • 한양 is the old name for Seoul.
> • During the Joseon Dynasty, 대감 (minister)
>   was an honorific term for a government
>   official holding at least the highest level
>   of the second rank of the court. This level
>   was the third highest rank of government
>   positions in the hierarchy.

홍 대감에게는 두 명의 아들이 있었는데, 첫째 인형은
정실부인에게 태어난 적자이고 둘째 길동은 서자였으나 총명하기가
남달랐다. 길동이 태어난 배경은 이러하다.

어느 날 홍 대감은 사랑방에 앉아 글을 읽다가 깜빡 잠이 들었는데
꿈에서 경치 좋은 곳을 혼자 걷고
있었다. 숲속 이곳저곳을 한참
구경하다가 시원하게 쏟아지는 폭포 앞에 이르렀다.

> 사랑 refers to the head of the household. The 사랑
> 방 was a room where the head of the household
> stayed and entertained guests from outside.

대대로 from generation to generation | 벼슬 government official | 가문 family | 어질다 to be kind-
hearted | 덕 virtue | 적자 legitimate son | 총명하다 to be clever

그런데 갑자기 홍 대감이 서 있는 바위가 소리를 내며 흔들리더니 푸른 용 한 마리가 물줄기를 타고 솟아올랐다. 용은 순식간에 홍 대감에게 달려들더니 피할 틈도 없이 입속으로 쑤욱 들어왔다.

홍 대감은 깜짝 놀라 꿈에서 깨어났다. 신기한 꿈을 꾸고 난 홍 대감은 마음속으로 크게 기뻐하며 생각했다.

'용꿈은 우리 집안에 귀한 아들이 태어날 좋은 꿈이야!'

홍 대감은 바로 정실부인인 유 씨 부인의 방으로 갔다. 하지만 유 씨

> **TIP!** Since olden times, dreaming a dream of a dragon has been thought to mean that something good will happen.

부인이 잠자리를 거절하여 방을 나올 수밖에 없었다. 홍 대감은 유 씨 부인이 데려온 종인 춘섬과의 사이에서 아이를 갖게 되었다.

> 잠자리 is a euphemism for sexual relations between a man and woman.

재주와 덕이 있는 춘섬은 홍 대감의 아이를 갖게 되고 열 달 내내 몸가짐을 바르게 하고 마음을 편안하게 가졌다. 나쁜 말이나 거친 행동을 삼가고 바르고 좋은 생각만

> 몸가짐 means a person's movements and behaviors, and 몸가짐을 바르게 하다 means to behave with care.

했다. 이런 춘섬을 좋게 여긴 홍 대감은 춘섬을 두 번째 부인으로 맞이하였다.

마침내 열 달이 지나고 춘섬은 아이를 낳았다. 용꿈을 꾸고 얻은 아이는 튼튼하고 잘생긴 사내아이였다. 신기하게도 아이의 왼쪽 다리에는 북두칠성 모양의 붉은 점 일곱 개가 있었다. 홍 대감은 아이에게 '길동'이라는 이름을 지어 주었다.

물줄기 stream, current of water | **종** servant | **아이를 갖다** to be pregnant | **삼가다** to abstain, to refrain from | **북두칠성** the Big Dipper

길동은 어머니의 보살핌을 받으며 무럭무럭 자랐다. 글을 배울
나이가 되자 길동도 다른 아이들처럼 서당에 다녔다. 서당에는 좋은
집안 도령들이 많이 다녔는데 그 가운데
길동이 가장 똑똑했다. 훈장님은 길동을
볼 때마다 속으로 안타까워했다.

TIP! 서당 is a private school at which elementary students were educated during the Joseon Dynasty. 서당 was similar to today's elementary schools, but much smaller and mainly taught Chinese characters based on a Confucian background.

'아까운 아이야. 서자로
태어나지 않았다면 장차
크게 될 아이인데…….'

TIP! 서자 is a son born from a 양반 (yangban) and a 양민 (yangmin). In those days, yangmin was a class between the yangban and the peasantry that worked as personal servants who didn't perform menial labor.

보살핌 care | **장차** in the future

어느 날 길동은 같은 서당 도령들에게 매를 맞게 되었다. 자신들은 다 외우지 못한 어려운 책을 길동만 처음부터 끝까지 줄줄 외워 훈장님께 칭찬을 받았기 때문이다. 서자에다 나이까지 어린 길동이 형님뻘인 자신들보다 똑똑한 게 자존심이 상했던 것이다.

"흥, 서자인 주제에 잘난 척하기는!"

N + 뻘: 뻘 is a word that indicates a relationship with the noun that comes before it.

"서당 다니며 글을 배운다고 다 같은 신분인 줄 아느냐? 네 아버지가 정승이면 뭐 하냐? 어머니가 천한 노비인데! 공부해 봐야 아무 소용없을걸!

도령들은 길동을 담벼락에 몰아붙이고는 마구 때렸다. 코피가 나도록 얻어맞고 돌아온 길동은 아무 잘못 없이 맞은 것도 억울했지만 그것보다 서자라는 말에 몹시 가슴이 아팠다.

'서자! 서자는 내 아버지가 정승이어도, 내가 글을 배워도 아무 소용이 없구나.'

길동은 어깨를 들썩이며 한참을 울었다. 하지만 언제까지 울고만 있지 않았다. 며칠이 지나자 마음을 다잡고 다시 서당을 오가며 더 열심히 공부했다.

자존심이 상하다 to have one's pride hurt | 정승 prime minister | 천하다 to be lowly, to be common |
노비 servant | 담벼락 wall

2
아버지를 아버지라 부르지 못하다

Track 02

홍 대감은 남달리 총명한 길동의 모습을 보며 매우 기뻤지만 한편으로는 서자로 태어난 것을 못내 서운해했다. 길동은 하나를 들으면 열을 알고 한 번 보면 모르는 것이 없었다. 영특한 길동을 누구나 칭찬했으며 홍 대감도 길동을 사랑했다.

> 하나를 들으면 열/백을 안다 (lit. to know ten/one hundred things after hearing one) is an idiom that refers to an exceptionally talented and clever person.

그러나 정실부인이 아닌 첩에게서 태어난 서자였기에 아버지를 아버지라 부르지 못하고 유 씨 부인의 아들인 인형을 형이라 부르지 못하는 처지였다. 그뿐만 아니라 재주가 좋아도 벼슬길이 막혀 있는 신세였다.

> 정실 is a respectful term for a legal wife and is used to elevate another person's wife.

길동은 달 밝은 밤이면 뒤뜰을 서성거리며 자신의 신분을 한탄하였다. 바람은 쓸쓸히 불어오고 기러기 우는 소리에 마음이 더욱 심란해진 가을 저녁, 방 안에서 글을 읽던 길동은 책을 덮으며 한숨을 쉬었다.

남달리 exceptionally, unlike others | **영특하다** to be clever | **첩** concubine | **처지** one's circumstances/position | **벼슬길** way into government service | **서성거리다** to stroll, to walk around | **한탄하다** to lament, to deplore | **기러기** goose | **심란하다** to be troubled, to be disturbed

"대장부가 세상에 태어나 학문을 익혀 벼슬을 해 나라에 큰 공을 세우고 이름을 온 세상에 떨쳐야 하는데……. 어찌 나는 아버지를 아버지라 부르지 못하고, 형을 형이라 부르지 못하는 천한 인생인가? 이 모든 것이 서자에게는 허락되지 않으니 심장이 터질 것 같구나!"

말을 마친 길동은 답답한 마음에 마당에 내려와 검술을 시작했다. 마침 홍 대감이 달빛을 구경하던 중 길동이 칼을 휘두르는 것을 보았다.

> 심장이 터지다 (lit. for one's heart to burst) means to be so worked up that one's heart feels full to bursting.

> 흥 is a feeling of rising fun or enjoyment. 흥이 넘치다 means for one to be greatly excited beyond an ordinary degree, and Minister Hong says it here because he misunderstands Gildong.

"너는 무슨 흥이 넘쳐 밤이 깊도록 잠도 자지 않고 나와 있느냐?"

"소인, 달빛이 좋아 나왔습니다. 하늘이 만물을 만들 때 사람을 제일 귀하게 만들었지만 소인에게는 귀함이 없으니 어찌 사람이라 할 수 있겠습니까?"

> 소인 is a word that ordinarily humbles oneself. 소자 is used when humbling oneself to one's parents.

홍 대감은 길동이의 말뜻을 짐작했으나 일부러 꾸짖었다.

"그게 무슨 말이냐?"

"소인은 대감의 자식으로서 당당한 남자로 태어났지만, 낳아 주시고 길러 주신 아버지를 아버지라 부르지 못하고, 피와 살을 나눈 형을 형이라 부르지 못하니 어찌 제가 사람이라 할 수 있겠습니까?"

대장부 good man | 공을 세우다 to make a contribution | 떨치다 to become well-known | 검술 swordsmanship | 휘두르다 to swing | 만물 everything, all of creation | 꾸짖다 to scold

길동이 눈물을 흘리며 말을 마치자, 홍 대감은 마음이 몹시 아팠다. 그러나 위로해 주면 건방져질까 봐 더욱 꾸짖었다.

"세상에 천한 출생이 너뿐이 아닌데 어찌 유별나게 구느냐? 다시는 그런 말을 하지 말거라. 또 그리하면 용서하지 않겠다."

건방지다 to be impudent | **출생** birth | **유별나다** to be odd, to be strange | **굴다** to behave

홍 대감의 말을 들은 길동은 땅에 엎드려 눈물을 흘릴 뿐이었다. 홍 대감이 돌아가고 길동은 방에 돌아와 슬픔에 빠져 있었다. 본래 재주가 뛰어나고 성품이 활발한 길동이었지만 서글픈 마음이 들 때면 잠을 이루지 못했다. 길동은 슬픔을 품은 채 어머니를 찾아가 통곡하였다.

> V/A + -(으)ㄴ 채(로): A phrase that means that something happened "while maintaining the given state."

"소자와 어머니는 전생에 인연이 깊어 어미와 자식 사이가 되었습니다. 어머니의 은혜는 여한이 없지만 천한 몸으로 태어난 소자의 팔자를 생각하면 품은 한은 깊어만 갑니다. 이제 소자는 집을 떠나려 하니 어머니께서는 소자를 걱정하지 마시고 몸 건강히 계십시오."

> • 여한이 없다 means that there is no resentment remaining to be resolved.
> • 한 is a deeply resentful and unfair feeling, and at the same time, a regrettable and sad feeling.

> TIP! 팔자 is the fate a person is born with and comes from the word 사주팔자 (the four pillars of destiny). It is believed that a person's fate is determined by the year, month, day, and time a person was born.

아들의 말을 들은 춘섬도 마음이 아팠다. 그러나 그냥 두면 길동의 행동이 더욱 건방지게 될 것을 염려하여 알아듣도록 타일렀다.

"정승 집에 태어난 서자가 너뿐이 아닌데 어찌 좁은 마음을 먹어 어미를 놀라게 하느냐? 조금 기다리면 머지않아 대감이 어떤 결정을 내리실 것이다."

성품 character, personality | 서글프다 to be sad | 통곡하다 to lament | 전생 previous life | 염려하다 to be worried, to be concerned | 타이르다 to persuade

"아버지와 형의 천대는 그렇다 치더라도 종들과 어린아이들까지 수군거리는 말은 참을 수 없는 고통입니다. 더구나 요즘 초란의 언행을 보면 우리 모자를 원수같이 보고 해칠 기회만 노리는 듯합니다. 소자 나간 뒤에 어머니가 걱정하지 않도록 하겠습니다. 저로 인해 큰일이 생길까 걱정이 되니 어머니는 소자가 떠나는 것을 염려하지 마십시오."

V/A + –더라도: An expression used when making an assumption or admission about the preceding words, but expressing that they have no relation to or effect on the words that follow.

기회를 노리다 means to look out for an opportunity while trying to make something happen.

N + 로 인해: Used to express the cause or reason for an action or state, followed by the result.

어머니 춘섬은 이 말을 듣고 속으로 몹시 슬퍼했다.

천대 disdain, scorn | 치다 to consider | 수군거리다 to whisper, to mutter | 언행 words and actions | 원수 enemy

3
초란의 흉계에 빠지다

Track 03

홍 대감에게는 초란이라는 첩이 한 명 더 있었다. 기생이었던 초란은 곡산 지역 출신으로 곡산모라고도 불렸다. 초란은 젊고 얼굴이 예뻤지만 성격이 나쁘고 질투가 심했다. 홍 대감이 춘섬이나 길동을 칭찬할 때마다 질투가 나서 견딜 수 없었다. 홍 대감의 사랑을 **뺏기게** 될까 봐 걱정스러워진 초란은 길동을 없애려는 마음을 먹었다.

하루는 초란이 길동을 없애려고 평소 알고 지내던 무녀를 찾아갔다. 초란의 이야기를 들은 무녀는 초란에게 관상가를 소개해 주었다. 셋은 머리를 맞대고 길동을 없앨 계획을 짰다.

> • 관상가 (a physiognomist) looks at a person's face and judges their destiny, character, lifespan, etc. Someone who does face readings as a job is called 관상가.
> • 머리를 맞대다 means to gather together and discuss something.

어느 날 홍 대감이 오랜만에 가족과 차를 마시며 이야기를 나누고 있었다.

"대감마님, 관상을 잘 본다는 여자가 찾아와 대감마님을 뵙겠다고 합니다."

흉계 evil plot | 기생 women who provided artistic entertainment to men of the upper classes | 마음먹다 to make up one's mind | 무녀 female shaman | 마님 My Lord, Your Excellency

하인의 말에 홍 대감은 관상가를 불러들였다. 관상가는 공손히 절을 하고 홍 대감의 관상부터 살펴보았다. 그러고는 홍 대감이 몇 살에 과거 급제했고 어릴 적 무슨 병을 앓았는지, 지금은 어디가 아픈지를 정확히 맞혔다. 홍 대감은 신기해하며 관상가의 재주를 칭찬했다. 그런데 사실 이건 초란이 관상가에게 미리 알려 준 것이었다.

> **TIP!** 과거 (시험) is a test from the Goryeo and Joseon eras for selecting government officials. In other words, it could be called a national civil service exam. Passing this test was called 과거 급제.

"대감 댁에 길동이라는 영리한 아들이 있다는 소문을 들었습니다. 과연 그러한지 관상을 보고 싶습니다."

홍 대감은 길동의 장래가 궁금해 길동을 불러 관상가에게 보였다. 잠시 후 길동은 관상가와 마주 앉았다. 관상가는 두 눈을 가늘게 뜨고 길동을 자세히 살펴보는 척했다. 시원한 이마와 영리하게 빛나는 눈, 코와 입, 귀까지 한참을 쏘아보던 관상가가 말했다.

"길동 도령은 보통 도령이 아니옵니다. 장차 이 나라에 크게 이름을 떨칠 인물이 될 것이옵니다. 그러나, 그러나……."

관상가의 주저하는 기색에 홍 대감이 다그쳐 물었다.

> 이름을 떨치다 means to gain a reputation that is known widely throughout the world.

"어허! 답답하구나. 장차 뭐가 어찌 된다는 것이냐?"

"아드님은 앞으로 이 나라의 왕이 될 운명입니다."

"무, 무엇이라? 왕이 된다고?"

쏘아보다 to stare | **주저하다** to hesitate | **기색** look, expression | **다그치다** to press, to push

관상가의 말을 들은 가족은 너무 놀라 입을 다물지 못했다.

왕이 될 거라는 말은 곧 역적이 된다는

> 입을 다물지 못했다 indicates the appearance of someone who is so surprised that their mouth is hanging open.

말이다. 역적이 되면 가족은 물론 가까운
친척들까지 모두 죽임을 당했다. 임금을
몰아내고 새 왕이 될 거라니 이보다 무서운 말이 없었던 것이다.

역적 traitor | 몰아내다 to drive out, to remove

홍 대감은 한동안 말을 잇지 못했다. 겨우 마음을 가라앉히고
관상가와 가족 모두 나가라고
한 다음 생각에 잠겼다. 잠시 뒤

> 말을 잇다 means to keep speaking without stopping.
> 말을 잇지 못하다 means that one does not speak.

홍 대감은 관상가를 다시 불러 소문을 내지 못하도록 단단히 이르고
많은 돈을 주어 돌려보냈다.

사실 홍 대감도 평소 길동이 늘 마음에 걸렸다. 서자로 태어난
것을 한탄하다가 혹시 나쁜 일이라도
꾸미면 어쩌나 싶어서 말이다.

> 마음에 걸리다 means to be worried and for one's heart to feel uneasy.

관상가가 다녀가고 얼마 있지 않아 홍 대감은 어려운 결심을 했다.
홍 대감은 길동에게 내일부터 당장 서당을 그만두고 집을 나가
산에서 혼자 지내라고 했다.

"나리, 소인 서당에서 공부하는 것이 너무도 즐겁습니다. 열심히
글을 익혀 가는데 왜 갑자기 서당을
그만두라고 하십니까? 산에서 홀로
지내라는 것은 어머니와도 헤어져야
한다는 말씀입니까?"

> 나리 is a word used to address with respect someone in a high position or a person of power. Hong Gildong must use 나리 instead of calling his father 아버지 (father).

홍 대감은 이미 산에 길동이 혼자 지낼 작은 집을 마련해 두었다고
했다. 길동은 서당을 그만두는 것도 억울한데 어머니와 헤어지고
집에서도 쫓겨나야 한다니 너무 놀랍고 서러웠다. 그러나 홍 대감의
뜻을 어길 수 없었다. 다음 날 길동은 집에서 나와 산으로 들어갔다.

> 뜻을 어기다 means to break a rule or order and disobey.

단단히 firmly | 홀로 alone

4

사람을 죽이고 집을 떠나다

Track 04

집에서 쫓겨난 길동은 산에서 혼자 지내면서도 공부를 게을리하지 않았다. 서당에서 익힌 경전을 다시 읽을 뿐만 아니라 전쟁하는 방법을 적은 병법서, 별자리의 움직임을 관찰하여 앞날을 미리 알아보는 천문 지리서까지 구해서 열심히 읽었다. 또 산에 머물고 있던 도사를 찾아가 먼 길도 빨리 갈 수 있다는 축지법과 다른 모습으로 변신할 수 있는 둔갑술도 익혔다.

홍 대감은 산속 외딴집으로 길동을 보낸 뒤 마음의 병을 얻어 잠도 잘 자지 못하고 밥맛도 잃어 마침내 병이 나 눕게 되었다. 하나뿐인 아들과 떨어져 지내야 하는 춘섬의 슬픔도 커졌다. 하지만 그런 마음을 겉으로 드러내지 않고 그 대신 새벽마다 맑은 물을 떠 놓고 아들을 무사히 지켜 달라고 신에게 빌었다.

> **TIP!** In the early dawn, women would draw well water, pour out the clear water, and pray with devotion while wishing for their family's safety.

경전 scriptures | 도사 ascetic | 변신하다 to transform | 외딴집 isolated house | 신 god, deity

한편 초란은 길동을 쫓아낸 뒤 춤이라도 추고 싶을 만큼 기뻤다. 그러나 아직 길동이 살아 있어 완전히 안심한 것은 아니었다.

초란은 툭하면 길동을 없애야 한다고 홍 대감을 부추겼다. 홍 씨 가문과 나라를 위해서라도 역적이 될 아이를 죽여야 한다는 것이었다. 하지만 홍 대감의 입장에서는 누가 뭐라 해도 자식을 죽이는 일은 못할 일이었다. 초란은 다시 무녀를 찾아가서 흉계를 짰다. 돈만 주면 사람을 죽이는 자객을 부르기로 한 것이다.

> 툭하면 means to do something as soon as the smallest happening or opportunity arises.

자객이 길동을 죽이려고 산속 외딴집으로 찾아가던 날 밤이었다. 글을 읽던 길동은 서쪽 하늘에서 불길하게 울어 대는 까마귀 소리를 들었다.

> In Korea, 까마귀 (crows) are birds of prophecy and symbolic birds that bring bad luck. A crow's cry was an ominous sign, and it was thought that crows brought bad luck and disaster.

'이상하다. 까마귀는 밤에 울지 않는 새인데 웬일일까? 좋지 않은 일이 일어날 것 같군.'

길동은 책을 꺼내 배운 대로 점을 쳐 보고 크게 놀랐다.

'아니, 이런! 오늘 밤 누군가 나를 해치러 오는구나!'

부추기다 to incite, to goad | 자객 assassin | 불길하다 to be ominous | 점을 치다 to read someone's fortune

길동은 도술을 부려 방 안을 울창한 숲으로 만들었다. 한편 온몸을 검은 천으로 가린 자객은 길동이 머무는 방 문고리를 조심스럽게 밀었다. 그런데 방문을 열고 방 안으로 들어오니 울창한 숲이 나타났다. 게다가 방금 전까지 비 한 방울 내리지 않는 맑은 날씨였는데 갑자기 천둥 번개가 치고 거친 바람이 불고 비가 쏟아지는 것이다. 어리둥절해진 자객은 비바람을 피하려고 이곳저곳을 헤매다가 그만 길을 잃고 말았다. 당황한 자객은 허공에 칼을 휘두르며 말했다.

도술을 부리다 to perform Taoist magic | 울창하다 to be thick, to be dense | 천 cloth | 문고리 doorknob, door handle | 방울 droplet | 어리둥절하다 to be confused | 헤매다 to wander |

허공 the air, the void

"홍길동은 당장 나와 내 칼을 받아라!"

"네 이놈, 넌 대체 누구기에 나를 죽이려고 하느냐?"

신선처럼 학을 탄 길동이 하늘을 날며 고함을 치자 그 소리에 놀란 자객은 그만 들고 있던 칼을 놓치고 말았다.

"나를 원망하지 마라. 길동이 네가 비록 신통한 재주를 가졌지만 나를 이기지 못할 것이다. 초란이 무녀와 짜고 너를 죽여 달라 부탁하기에 온 것뿐이다."

"아무리 돈이 좋기로 사람 목숨을 해치려 하다니, 용서할 수 없다. 에잇!"

길동이 기합을 넣자 자객이 놓쳤던 칼이 갑자기 하늘로 솟구쳐 올랐다. 공중에서 춤을 추던 칼은 갑자기 자객을 향해 날아왔다.

자객은 칼을 피하려고 이리저리 뛰어다녔지만 칼은 빠른 속도로 날아와 자객의 가슴에 곧바로 꽂혔다. 자객은 제대로 손도 써 보지 못하고 그 자리에 쓰러졌다.

> 손을 쓰다 means to take the required actions or measures in a situation.

길동은 간사하고 못된 무녀와 관상가를 찾아가 모두 죽였다. 그리고 이 모든 일을 꾸민 초란을 찾아갔다. 홍 대감을 속이고 아무 잘못도 없는 자기를 죽이려 한 초란을 도저히 용서할 수 없었다. 잠든 초란을 한참 내려다보던 길동은 그냥 방을 나왔다. 아무리 자기를 죽이려 한 사람이지만 의붓어머니도 부모이므로 차마 해칠 수 없었던 것이었다.

신선 Taoist hermit with mystical powers | 학 crane | 고함을 치다 to yell, to shout | 원망하다 to resent, to bear a grudge against | 기합을 넣다 to give a shout of concentration | 솟구치다 to surge up | 공중 midair | 간사하다 to be cunning, to be crafty

길동은 마지막으로 아버지를 찾아갔다. 한밤중에 느닷없이 찾아온 길동을 보고 홍 대감은 깜짝 놀랐다. 그러나 곧 무섭게 꾸짖었다.

"이 밤에 무슨 일이냐? 따로 연락하기 전까지 절대 산에서 내려오지 말라고 하지 않았느냐!"

길동을 보낸 뒤 오래도록 앓았던 홍 대감은 몹시 야위어 보였다. 오랜만에 홍 대감을 보자 길동은 참았던 울음을 터뜨렸다. 지난날 서러웠던 일들이 하나둘씩 떠올랐기 때문이다.

"나리, 제 목숨을 해치려는 자가 지난밤 자객을 보내 저를 죽이려 했습니다. 저와 나리를 속인 그들을 제 손으로 죽이고 떠나려 합니다."

홍 대감은 길동에게 밤에 무슨 일이 있었는지, 목숨을 해치려는 자가 누구인지 물으려다가 그만두었다. 길동이 이야기하지 않아도 자객을 부른 게 누구인지 알 것 같았기 때문이다.

"나리, 저는 넓은 세상으로 나가 가슴에 품은 뜻을 펼치겠습니다. 마지막 인사를 드리려고 밤중에 찾아왔으니 절을 받아 주십시오."

홍 대감은 길동을 막을 수 없었다.

"떠나기 전 마지막으로 부탁드립니다. 단 한 번이라도 좋으니 나리를 아버지라 부르게 허락해 주십시오."

느닷없이 unexpectedly | **앓다** to be sick, to be in pain | **야위다** to be gaunt, to be very thin

눈물을 흘리는 길동을 보자 홍 대감도 목이 메었다.

"네 설움을 어찌 모르겠느냐. 나라의
법이 서자와 적자를 차별하니 나도 어쩔
수 없구나. 그러나 누가 뭐라 해도 넌 내
아들이다. 용의 기운을 받아 태어난 귀한 내 아들이다. 알겠느냐?
나를 아버지라고 불러 보아라."

> 목이 메다 describes a state of being overwhelmed with some sort of emotion so that one's voice doesn't come out clearly.

> V + -어라/아라: Used when the speaker is ordering the listener to do something.

"아, 아버지, 아버지."

길동은 태어나 처음으로 아버지를 부르며 눈물을 흘렸다.

"너는 누구보다 신중하고 생각이 깊은 아이니 네 결정을 믿는다.
그래, 결심이 섰을 때 떠나거라. 어디에 있든 늘 몸조심하거라.
그리고 언제든 다시 돌아와라."

아버지에게 인사를 마친 길동은 어머니 춘섬에게도 찾아가 작별
인사를 했다.

"그래, 어디에서 무엇을 하든 나라와 이 가엾은 어미를 기억해라.
나는 새벽마다 네가 잘 되길 바라며 기도할 거란다."

설움 sadness | 작별 farewell | 가엾다 to be pitiful

다시 만날 약속도 없이 헤어져야 하는 것이 가슴이 아팠지만
어머니는 아들이 큰 세상에서 마음껏 뜻을 펼치며 살아가기를
마음속으로 빌었다. 어머니께 절을

> 뜻을 펼치다 refers to carrying out a dream or plan in reality.

하고 집을 나서는 길동의 발걸음은
무겁기만 했다.

다음 날 아침, 홍 대감은 하인을 시켜 관상가와 무녀 그리고 자객의
시신을 몰래 치우게 했다. 물론 이 일이 밖으로 새어 나가지 않도록
단단히 입단속을 시켰다. 그러고 나서 홍 대감은 초란을 크게 꾸짖고
집에서 내쫓아 버렸다.

> 입단속 refers to regulating facts or information so that they do not spread to the outside.

발걸음 footsteps | 하인 servant | 시신 dead body

5
활빈당의 대장이 되다

Track 05

    길동은 어머니가 싸 준 주먹밥을 들고 집을 나섰다. 막상 집을 나왔지만 마땅히 갈 곳이 없어 이곳저곳을 한참 떠돌아 다녔다. 숲속을 헤매던 길동은 바위 위에 앉아 잠시 쉬고 있었다. 그런데 깊은 산속 어디선가 사람들의 소리가 들리는 것이었다. 길동은 소리가 나는 곳을 찾아 조심조심 걸어갔다. 커다란 바위 절벽 가까이 가자 소리는 점점 크게 들렸다. 절벽에 다가가 아래를 내려다보니 넓은 들판에 수십 채나 되는 집이 모여 있었다.

    길동은 마을 가운데 사람들이 많이 모인 곳으로 내려갔다. 가까이에 가 보니 덩치 큰 남자들이 술을 마시고 고기를 구워 먹으며 소란스럽게 떠들고 있는 것이었다. 사람들 틈을 비집고 들어간 길동은 남자들이 무슨 얘기를 나누나 귀를 기울였다.

> 귀를 기울이다 means to be interested in what someone else is saying and to listen carefully.

주먹밥 rice ball | **들판** field | **덩치** person's frame or build | **소란스럽다** to be noisily making a commotion | **비집다** to push aside

가만히 보니 이들은 산을 오가는 사람들의 돈이나 물건을 **빼앗는** 산적들이었다. 산적들이 두목을 **뽑으려고** 힘겨루기를 하고 있었다. 커다란 바윗덩이를 번쩍 드는 힘이 센 사람을 두목으로 삼으려는데 너무 무거워 아무도 들지 못하고 있었던 것이다. 길동은 용기를 내어 산적들이 모두 들을 수 있게 큰 소리로 외쳤다.

"나는 한양에 사는 홍 정승의 아들 홍길동이라고 합니다. 내가 한번 들어 보겠습니다."

산적들은 웬 꼬마 녀석인가 하고 길동을 쳐다보았다.

"하룻강아지 범 무서운 줄 모른다더니, 엄마 젖이나 더 먹고 와라!"

산적들은 무서운 얼굴로 호통을 쳤다. 하지만 길동은 눈 하나 꿈쩍하지 않았다. 오히려 놀란 쪽은 산적들이었다. 무서운 산적들 앞에서도 겁먹지 않는 당당한 태도가 예사롭지 않았던 것이다.

> 하룻강아지 범 무서운 줄 모른다 (lit. a newborn puppy doesn't know to fear a tiger) means that someone is immature and making a reckless attack.

> 눈 하나 꿈쩍하지 않다 means to behave or to treat something normally as if it has no impact on one's demeanor or senses.

길동은 바위 앞으로 성큼 다가가 숨을 한 번 크게 내쉬더니 집채만 한 바위를 번쩍 들어 올렸다. 깜짝 놀란 산적들은 소리를 지르며 박수를 쳤다. 바위를 번쩍 든 길동은 산적들 사이를 왔다 갔다 하더니 한쪽에 바위를 쿵 하고 내려놓았다. 산적들은 약속이라도 한 듯 만세를 외쳤다.

> N만 하다/못하다: Indicates the degree to which the preceding word representing an object or content is reached or not reached.

산적 bandit | 두목 leader | 힘겨루기 strength contest | 바윗덩이 rock | 꼬마 child | 꿈쩍하다 to move | 예사롭다 to be ordinary | 내쉬다 to exhale | 만세를 외치다 to shout "hurrah"

"홍길동 두목 만세! 만세! 만세!"

산적들과 길동은 예로부터 전해져 오던 대로 흰말을 잡아 그 피를 나누어 마시며 의리를 맹세했다.

이제 길동과 산적들은 한 가족이 되었다. 그날 밤 산적 소굴에서는 새 두목을 환영하는 잔치가 벌어졌다. 길동은 산적들과 어울려 술과 고기를 배불리 먹고 오랜만에 따뜻한 잠자리에서 깊은 잠을 잤다.

의리 loyalty | 맹세하다 to swear, to pledge, to vow | 소굴 den, nest

당시 조선은 안팎으로 몹시 어지러웠다. 넉넉한 양반집에서 큰 어려움 없이 지냈던 길동은 가난한 백성들의 생활을 가까이에서

지켜보며 깊은 고민에 빠졌다. 계속된 흉년으로 굶주린 백성들은 빚에 시달리다 노비가 되거나 도적 떼로 변해 갔다. 어떻게 하면 이들을 도울 수 있을까 고민하던 길동은 며칠 뒤 산적들을 모아 놓고 자기 뜻을 전했다.

"여러분, 지난날 우리는 산길을 오가는 사람들을 괴롭히는 좀도둑이었습니다. 그러나 이제부터 가난한 백성들의 재물에는 손을 대지 않도록 합시다. 대신 백성의 재물을 가로채 제 배를 불리는 못된 벼슬아치들의 재산을 빼앗아 가난한 백성을 도와주도록 합시다. 이제부터 우리 무리의 이름은 활빈당이라 부르겠습니다."

'활빈당'이란 가난한 사람들을 살리는 무리라는 뜻이었다.

산적들은 길동의 말에 모두 고개를 끄덕였다. 길동과 활빈당은 가난하고 약한 사람들을 도와주며 살아가자고 굳게 약속했다.

양반집 noble family | **흉년** famine, lean harvest | **굶주리다** to starve | **좀도둑** petty thief | **재물** wealth, property | **가로채다** to steal, to snatch | **벼슬아치** government official | **무리** group, band

6

의적 활동에 앞장서다

Track 06

　산적들은 길동이 자기들의 대장이 되기 전부터 해인사라는 절을 공격해 재물을 빼앗으려고 했다. 해인사는 머무는 중들의 수가 수천 명이 넘는 아주 큰 절이었다. 훌륭한 스님도 있지만, 대부분의 중들은 군대에 가기 싫어 도망 온 사람들이거나 죄를 짓고 숨어 지내는 사람들이었다.

　이들은 백성들에게 '병을 낫게 해 주겠다, 부자가 되게 부처님께

> **TIP!** In the Joseon era, all men aged 16 to 60 had a duty to serve in the army, but monks, students, slaves, etc. received exemptions, so at the time, there were many methods of trying to avoid compulsory conscription.

빌어 주겠다'고 속여 재산을 몽땅 절에 바치게 했다. 절 곳간에는 백성들에게 거둬들인 곡식과 옷감이 넘쳐 날 지경이었다. 부하들의 보고를 받은 길동은 해인사의 재물을 훔쳐 낼 계획을 짰다.

> V + -(으)ㄹ 지경(이다): A phrase that expresses condition, duration, etc.

　마침내 길동은 부하들 여럿을 하인으로 변장시켜 함께 해인사로 갔다. 양반집 도령 차림을 한 길동은 한눈에도 귀한 집안의 아들 같았다. 절에 도착한 길동은 스님들을 모아 놓고 말했다.

부처님 Buddha ｜ **곳간** shed, storage space ｜ **옷감** cloth ｜ **변장시키다** to disguise (someone) ｜ **차림** outfit, attire

"나는 과거를 앞두고 공부하기 좋은 곳을 찾아 이곳저곳 다녔는데 이 절만큼 경치 좋고 조용한 곳이 없더군요. 당분간 이곳에 머물며 과거 시험을 준비하기로 마음먹었소. 근데 이곳은 스님들 말고도 속세 사람들이 너무 많아 공부에 방해가 될 것 같소. 며칠 기간을 줄 테니 절에 있는 이들을 모두 집으로 돌려보내시오."

스님들은 감히 고개도 들지 못하고 굽실거렸다. 스님들은 정승의 아들이 자기네 절에 머물겠다니 걱정도 됐지만 한편으로는 매우 좋아했다. 과거 시험에서 장원 급제 하면 높은 관리가 되어 절에 도움을 줄 거라 믿었기 때문이다.

> A person who writes the best essay and is the first to pass the civil service exam used to select government officials.

"산을 내려가는 즉시 내가 관청에 명을 내려 이곳으로 쌀 100석을 보내라 할 것이오. 열흘 뒤에 공부할 짐을 챙겨 다시 올 것이니 그날을 위해 잔치를 준비하시오. 알겠소?"

> 석: Used when measuring the volume of grain, powder, liquid, etc. (1석 = 180L)

스님들은 과연 정승의 아들이라 재물이 엄청난가 보다며 입이 귀에 걸리도록 좋아했다. 스님들은 길동의 꾀를 꿈에도 몰랐다. 스님들은 길동의 말대로 절에 머무르던 사람들을 모두 돌려보냈다. 산적 소굴로 돌아온 길동은 쌀 100석을 절로 보냈다.

> 입이 귀에 걸리다 (lit. for one's mouth to hang over one's ears) is a phrase used when one is very happy and smiling.

열흘 뒤, 약속한 대로 길동은 해인사에 다시 왔다. 절은 잔치 준비가 한창이었고 길동은 몇 백 명이나 되는 스님들을 절 뒤쪽 계곡으로 불렀다. 계곡에서 소풍 온 것처럼 맛난 음식을 먹자고 한 것이다. 부처님께 기도를 드려야 할 시간에 절 안은 텅텅 비게 되었다.

속세 worldly, of the secular world | 굽실거리다 to bow obsequiously or subserviently | 꾀 scheme, trick | 한창이다 in full swing, at the height of something

곧 잔칫상이 나왔고 길동이 보낸 쌀로 지은 밥과 떡도 나왔다.
길동은 음식을 먹는 체하다가 미리 준비해 간 모래 한 줌을 몰래
밥에 뿌렸다. 밥을 먹던 길동이

줌 is short for 주먹 (a fist) and is a word used when describing an amount that can be held in one hand.

모래를 씹자 옆에 앉은 스님들은
깜짝 놀랐다. 길동은 밥을 뱉으며 불같이 화를 냈다.

　"어찌 깨끗하지 못하게 음식을 만들었소?
나를 우습게 여기고 밥에 모래를 섞다니!
당장, 이놈들을 밧줄로 꽁꽁 묶어
관가에 끌고 가거라."

계곡에 함께 있던 부하들이 모든 스님들을 한 줄로 묶어 앉혀 길동의 처분을 기다리고 있을 때, 다른 부하들은 텅 빈 절 안으로 들어가 절 곳간의 곡식과 재물을 모두 싣고 천천히 산길을 내려왔다. 활빈당이 재물을 싣고 떠나는 모습을 절 건물을 수리하느라 남아 있던 목수가 보고 아래 관가로 뛰어 내려와 신고했다. 고을 사또는 군사들을 데리고 즉시 해인사로 달려갔다. 하지만 곳간은 이미 텅텅 비어 있고 얼이 빠진 스님들만 절 마당에 앉아 있었다.

> 사또 (magistrate) is a respectful term of address for the local official in charge of a district who governed ordinary people or low-ranking government officials.

"수레에 재물을 잔뜩 실었다고 하니 빨리 도망치지는 못할 것이다. 근처 숲을 샅샅이 뒤져라!"

군사들은 몇 명씩 짝을 지어 숲을 뒤졌다. 그때 저쪽에서 삿갓을 쓴 스님이 나타났다.

> 삿갓 is a hat roughly woven from bamboo reeds in order to block the rain or sun.

"혹시 수레에 짐을 싣고 도망치는 도적 떼를 못 보았소?"

"그 사내들이 도적 떼였소? 오던 길에 보았소. 저기 저 북쪽 샛길로 달아나던데 얼른 쫓아가 보시오."

밧줄 rope | 처분 clearout | 목수 carpenter | 얼이 빠지다 to be dumbfounded, to be stupefied |
수레 wagon | 샅샅이 thoroughly | 샛길 side road

군사들은 북쪽 샛길로 우르르 달려갔다. 군사들이 모두 떠나자 스님은 삿갓을 벗었다. 군사들을 따돌린 스님은 다름 아닌 길동이었다. 덕분에 길동의 부하들은 남쪽 길로 무사히 빠져나갈 수 있었다.

한편 도적 떼를 잡지 못한 관청은 한양에 계신 임금님께 자세한 상황을 보고해야 했다. 해인사와 관청을 속이고 곡식과 재물을 빼앗아 오자 부하들은 길동을 더 따르게 되었다. 활빈당은 빼앗은 재물을 굶주린 백성들에게 골고루 나누어 주었다.

이렇게 길동은 활빈당을 이끌며 조선 팔도의 관리들이 부정한 방법으로 재물을 모으면 그것을 빼앗았다. 그 재물로 가난한 백성을 구했고 백성과 나라의 재물은 털끝 하나도 건드리지 않았다.

> **TIP!** 팔도 (the eight provinces) refers to all eight provinces of Gyeonggi, Chungcheong, Jeolla, Gyeongsang, Gangwon, Hwanghae, Pyeongan, and Hamgyeong. These administrative districts, established during the reign of the 3rd king of Joseon, Taejong, were called 조선 팔도 (the eight provinces of Joseon).

백성들은 모였다 하면 길동에 대한 얘기로 꽃을 피웠다.

> • 털끝도 건드리지 않다 means to make it so that something cannot be touched at all.
> • 이야기꽃(을) 피우다 refers to a fun and enjoyable conversation is exchanged.

"소식 들었나? 홍길동이 어젯밤에 우리 고을에 나타났다고 하네."

"하하, 나도 들었다네. 어찌나 속이 시원하던지 앓던 이가 쏙 빠진 것 같더라니까."

> • 속(이) 시원하다 means for one's heart to feel carefree because something good has happened or something that has been a bother for a while has been solved.
> • 앓던 이가 빠진 것 같다 (lit. as if an aching tooth has fallen out) means that one feels carefree because a problem or worry has disappeared.

따돌리다 to evade, to escape | **고을** district

"그나저나 홍길동도 정신없이 바쁘겠군. 온 나라에 못된 사또들을 일일이 다니며 혼내 주려면 얼마나 바쁘겠나?"

백성들은 길동이 계속 잡히지 않기를 빌었다. 그러나 나라에서는 길동이 숨은 곳을 말하라며 죄 없는 백성들을 괴롭혔다. 홍길동에 대해 이야기를 하면 같은 무리라고 잡아가고, 재물을 받은 집들은 홍길동을 알고 있다고 잡아가고, 백성을 돕기 위해 만든 활빈당이 오히려 백성을 괴롭히는 꼴이 되어 길동은 온 나라를 돌아다니며 글을 써 붙였다.

> 곡식과 재물을 훔친 것은 나 홍길동과 활빈당이다.
> 잘못이 있다면 내가 벌을 받을 것이니 죄 없는 백성을
> 괴롭히지 마라!
>
> 홍길동 씀

글을 붙이고 돌아온 길동은 지푸라기로 허수아비 일곱 개를 만들었다. 주문을 외우자 허수아비는 순식간에 길동과 똑같이 변했다. 똑같은 길동이 여덟 명이나 나타나자 부하들은 깜짝 놀랐다.

꼴 state (of being) | 지푸라기 straw | 허수아비 scarecrow

부하들은 여덟 명의 길동을 따라 오십 명씩 나누어 전국을 다니며 못된 사또들과 관리들을 혼내 주고 불쌍한 백성들을 구했다. 길동을 잡으라는 명령을 받은 군사들은 밤새 창고를 지켰지만 아무 소용이 없었다. 길동과 활빈당이 꾀를 써서 고을 창고를 털어 달아나는 것을 번번이 당해 낼 수가 없었다.

번번이 repeatedly

7

임금을 만나다

Track 07

 전국에서 올라온 보고서를 읽으며 임금은 고개를 갸우뚱거렸다.
 "참으로 이상한 일이구나. 홍길동은 대체 어떤 사람이기에 이같이
전국을 다니며 소란을 피우는 것이냐? 귀신이 아니고서야 어찌
하룻밤 사이 전국 동시에 나타날 수 있단 말이냐?"
 결국 신하들은 머리를 맞대고 궁리한 끝에 길동을 잡아 오는
자에게는 천 냥을 주겠다고 공고했다.

> V + -(으)ㄴ 끝에: Indicates the results following an action or event.

그러나 길동은 쉽게 잡히지 않았다.
임금과 신하들은 길동을 잡을 방법을 찾기 위해 회의를 열었다.
 "전하, 소문을 듣자 하니 도적 홍길동은 홍 정승의 서자라고
합니다."
 정승의 아들이 도적 짓을 한다는 말에 임금은 더욱 노하여 즉시
홍 대감 집으로 군사들을 보냈다.

갸우뚱거리다 to tilt | 소란을 피우다 to cause a commotion, to make a fuss | 궁리하다 to deliberate |
공고하다 to announce | 노하다 to become angry

한편 홍 대감은 길동에 대한 소문으로 골치를 앓다가 심한 병을 얻었다. 영리하고 재주 많던 아들이 온 나라를 시끄럽게 만드는 도적이 되었다고 하니 기가 막혔다. 큰아들 인형은 아버지를 보살피기 위해 집에 와 있었다.

> 골치를 앓다 means to be unsure of what to do and engrossed in thought to the point that one's head hurts.

> 기(가) 막히다 means for something to be absurdly surprising and disappointing.

그때 임금의 명을 받은 관원들이 집으로 들이닥쳤다. 혹시 홍길동이 집에 숨어 있지 않은지 온 집을 샅샅이 뒤졌다. 마당으로 끌려 나온 홍 대감은 고개도 들지 못한 채 말했다.

"집 나간 지 몇 해가 되도록 소식 하나 없었소. 나라에 큰 죄를 지은 아들 소식을 들을 때마다 하루도 편히 지낸 본 적이 없소. 자식을 제대로 가르치지 못한 이 아비 탓이 크니 차라리 내게 벌을 내리시오."

"길동을 잡는 일은 제게 맡겨 주십시오. 제가 길동과 활빈당을 붙잡아 올 테니 병드신 아버지는 제발 놓아주십시오."

인형은 관원들에게 사정했다.

결국 길동 잡는 일을 인형에게

> 관원 are people in government offices who take care of the affairs of the country.

맡기고 관원들은 돌아갔다. 사실 유 씨 부인의 아들인 인형과 길동은 어릴 적 함께 시간을 보낸 적이 거의 없었다. 서자인 길동과 본처의 아들인 인형은 신분이 달랐기 때문이다. 가문에 먹칠한 길동에 대한 원망과 미움으로 인형은 밤을 새우며 전국 곳곳에 붙일 글을 썼다.

> 가문에 먹칠하다 refers to the act of degrading the family's reputation or honor.

들이닥치다 to rush in, to storm in | **탓** fault, blame

홍길동 보아라.

길동아, 너와 활빈당 도적 떼가 온 나라를 어지럽히고 다녀
임금님과 백성들의 근심이 끊이지 않으니 그 죄를 어찌하려느냐?
하루빨리 뉘우치고 돌아와 벌을 받아라. 늙으신 아버지도 너를
걱정하시다 병을 얻어 곧 돌아가시게 생겼다.

형 홍인형 씀

　　이 글은 곧 전국 방방곡곡에 붙었고 며칠 지나지 않아 길동이
집으로 찾아왔다.

　　길동이 돌아왔다는 소리를 듣자 병석에 누워 있던 홍 대감도
오랜만에 몸을 일으켰다. 몇 년 만에 집에 돌아온 길동은 자신
때문에 병을 얻어 초췌해진 아버지를 보자 마음이 아팠다.

　　인형은 길동이 집에 돌아왔다는 사실을 관청에 알렸다. 날이
밝자 길동은 밧줄에 묶인 채 수레에 태워져 임금님이 계신 궁궐로
끌려가게 되었다. 아들을 멀리서 지켜보던 춘섬은 담에 기대어
쉼 없이 눈물을 흘렸다.

　　그런데 다음 날 전국에서 길동을 잡았다며 그 수레를 궁궐로
보내왔다. 여덟 명의 길동이 궁궐에 도착하자 임금과 신하들은
기절할 뻔했다. 여덟 명의 길동은 쌍둥이처럼 똑같았다.

> V + -(으)ㄹ 뻔하다: Expresses that the
> situation in the preceding clause did not
> actually happen, but that the possibility
> of it happening was very high.

뉘우치다 to repent | 방방곡곡 everywhere, every nook and cranny | 병석 sick bed | 초췌하다 to be
haggard | 담 wall

"대체 누가 진짜 홍길동이냐? 바른대로 말하라!"

임금님이 엄한 표정으로 호통을 치자 여덟 명의 길동은 서로 자기가 진짜라며 우기기 시작했다. 기가 막힌 임금님은 당장 홍 정승을 불러오라고 명령했다. 친아버지라면 누가 진짜인지 알 수 있을 것이라 생각했다. 궁궐로 불려온 홍 정승은 정신을 차리고 길동을 하나하나 살펴보았다. 길동이 태어났을 때 왼쪽 다리에 북두칠성 모양의 붉은 점 일곱 개가 있었다는 사실을 기억하고 다리를 확인해 보았다.

그러나 모두 다리에 점이 있었고 진짜 아들을 찾아낼 마지막 희망까지 사라지자 홍 대감은 쓰러지고 말았다. 길동들은 법에 따라 벌을 받아야 했다. 하지만 마지막으로 임금님께 자기 말을 들어 달라고

> N + 에 따라: Indicates that an action is performed based on a certain situation, fact, or standard.

하나같이 울며 애원했다. 임금님은 화를 억누르고 일단 길동들의 이야기를 듣기로 했다.

"전하, 저희는 여느 산적들과 다릅니다. 활빈당이라는 이름으로 뭉친 뒤 가난한 백성들의 재물은 절대 **빼앗**지 않았습니다. 오직 착한 백성들을 괴롭히는 관리들의 재물만 훔쳤습니다. 그리고 그 재물로 가난한 백성들을 도왔습니다. 진짜 도둑은 저희가 아니라 저기 있는 전하의 신하들입니다."

바른대로 truthfully | 호통을 치다 to shout, to roar | 애원하다 to plead, to implore | 억누르다 to suppress, to contain | 여느 ordinary

임금은 길동의 말에 고개를 끄덕였고 신하들은 입도 뻥긋 못하고 고개를 푹 숙였다. 임금도 할 말을 잃고 잠시 생각에 잠겼다.

말을 마친 길동들은 임금님께 넙죽 절을 하고 몸을 일으켰다. 그 순간 갑자기 펑 하는 소리와 함께 연기가 솟았다. 연기가 걷히자 여러 길동들이 절을 했던 자리에 일곱 개의 지푸라기 허수아비가 누워 있었다.

> 고개를 숙이다 means, firstly, to throw away one's pride and submit or surrender to someone, or secondly, to have a respectful heart. Here, it means they cannot refute Gildong's words and are acknowledging them.

임금과 신하들이 어리둥절한 사이 궁궐 지붕 위로 진짜 길동이 구름 위에 올라타고 멀리 사라져 갔다. 길동에게 속은 것을 안 임금님과 신하들은 불같이 화를 냈다. 다음 날 임금이 계시는 궁궐 근처에 길동이 남긴 글이 붙었다.

> 불같이 화를 내다 means to be extremely angry.

저의 소원은 이 나라의 병조 판서가 되는 것입니다. 임금께서 저에게 그 자리를 주신다면 나라를 위해 열심히 일할 것입니다.

활빈당 홍길동 드림

글 앞에 몰려든 사람들은 길동에게 병조 판서를 내려야 한다는 쪽과 말도 안 된다는 쪽으로 나뉘어 한바탕 싸움을 벌였다. 고민에 빠진 임금님은 신하들을 불러 모았다.

> 병조 판서 (Minister of War) was an administrative position during the Joseon Dynasty in charge of the military and defense.

한바탕 a bout (of something)

"그동안 내가 궁궐에서만 지내느라 백성들의 괴로움을 잘 몰랐던 것 같소. 홍길동이 그 재주를 잘 살린다면 비리 관리들을 몰아내고 백성들을 잘 도울 것 같소. 지금 당장 홍길동에게 병조 판서 자리를 내릴 것이니 글을 붙이도록 하시오."

임금님의 명령에 따라 병조 판서 자리를 주겠다는 글을 읽고 길동은 부하들과 함께 궁궐로 향했다.

> 자리를 주다 means to give someone a post or position within an organization.

길동과 활빈당을 환영하는 사람들이 궁궐 주변으로 구름처럼 몰려들었다. 죄인이 아니라 벼슬을 받기 위해 임금님을 만난 길동은 감사의 절을 올렸다.

"전하를 다시 뵙게 되어 저 또한 매우 기쁩니다. 그러나 병조 판서 자리는 정중히 거절합니다. 전하께서 저를 믿어 주시는 마음만으로도 감사합니다. 제가 전하께 벼슬을 청한 것은 저와 같은 서자도 차별 없이 벼슬에 나갈 길을 열어 달라는 뜻이었습니다. 뛰어난 학문과 덕을 갖추고도 서자라는 신분 때문에 벼슬길에

> 길을 열다 means to find a way or to figure something out.

나서지 못하는 자들이 많습니다. 부디 서자를 차별하는 악법을 고쳐 주십시오."

비리 corruption | 정중히 politely, respectfully | 악법 unjust law

임금님은 길동의 말에 고개를 끄덕였다.

"저는 이제 멀리 떠납니다. 부디 간신들을 멀리하시고 백성들의 어려움을 살피는 어진 임금님이 되시옵소서."

하늘에서 오색찬란한 구름이 내려와 궁궐을 가득 덮었다. 길동은 구름 위에 사뿐히 올라탔다. 임금님을 향해 다시 한번 절을 한 길동은 곧 하늘로 사라져 버렸다.

간신 disloyal servants | 오색찬란하다 to be many-colored | 사뿐히 lightly, gently

8
새로운 땅을 찾아서

Track 08

큰 배를 나눠 타고 길동과 활빈당 무리는 새로운 세계에 대한
희망으로 가슴이 터질 듯했다. 병조 판서 자리를 거절하고 떠나는
길동에게는 큰 꿈이 있었다. 오래도록 꿈꾸어

> 가슴이 터지다 means to be overwhelmed with feeling.

왔던 세상, 누구나 살고 싶어 하는 그런 나라를
자기 손으로 세우고 싶었던 것이다.

배를 타고 떠나는 사람들은 그동안 산에서만 지냈기 때문에 오랜
항해가 몹시 힘들었다. 이들이 돛을 내리고 도착한 곳은 사람들이
살지 않는 섬이었다. 하지만 이들은 실망하지 않고 나무를 베어 집을
짓고 거친 땅을 갈아 농사를 짓기 시작했다.

열심히 일하는 틈틈이 젊은 남자들은 군사 훈련도 했다. 왜구들로
부터 섬을 지키기 위해서였다.

> 왜구 refers to Japanese pirates who habitually plundered the Korean coast from the 13th to the 16th century.

얼마 뒤 길동은 부하들을 시켜
항구를 짓도록 했다. 여러 나라를 다니며 장사하는 배가 드나들려면
항구가 필요했다. 머지않아 항구에는 먼 나라에서 진기한 물건을

항해 voyage | **돛을 내리다** to lower the sails | **베다** to cut down (a tree) | **항구** port | **진기하다**
to be rare, to be unusual

실은 배를 타고 장사꾼들이 드나들기 시작했다. 조그만 섬은 사람들로 넘쳐나는 부강한 섬이 되었다.

세월이 흘러 홍 대감은 병의 증세가 심해지자 부인과 인형을 불러 유언을 남겼다.

"내가 죽더라도 여한은 없으나, 길동의 생사를 알지 못하는 것이 마음에 걸리는구나. 만약 살아 있다면 찾아올 것이니, 적서를 구분해 대하지 말고 그 어미도 잘 대접하거라."

홍 대감이 숨을 거두고 온 집안은 비통한 슬픔에 잠겼다. 모든 사람이 슬픔을 참으며 초상 치를 준비를 하였다. 인형은 묏자리로 적당한 곳을 찾고 있었으나 마땅한 곳이 없어 근심하고 있었다. 이때 누군가가 홍 대감의 영전에 엎드려 통곡하였다. 인형이 자세히 보니 길동이었다.

> 숨을 거두다 is a euphemistic expression for "to die."

> TIP! 묏자리 refers to a place that can be used for a grave. It is believed that a grave site must be chosen well in order for good things to happen to the descendants of the deceased, so a spot with good feng shui is sought.

상주인 인형은 길동을 이끌고 안방에 들어가 유 씨 부인께 인사시키고 어머니인 춘섬과도 얼굴을 보게 했다. 그리고 길동에게 아버지의 묏자리를 찾지 못해 난처한 상황임을 알렸다. 길동이 아버지를 위해 좋은 터를 구해 놓았으니 걱정하지 말라고 하자 인형은 크게 기뻐하였다.

부강하다 to be wealthy and powerful | 유언을 남기다 to leave a will | 여한이 없다 to have no regrets | 생사 life and death | 초상(을) 치르다 to hold a funeral | 영전 the deceased | 상주 chief mourner | 터 site

다음 날 길동은 어머니, 그리고 인형과 함께 시신을 운구해 길동이
사는 섬까지 배를 타고 바다를 가로질러 갔다. 섬에 도착한 일행은
산에 아버지를 묻고 함께 길동의 집으로 돌아오자 길동의 부인이
시어머니와 시아주버니를 맞아 인사하였다. 길동이 하는 일과 사는
모습을 보고 인형과 춘섬은 놀라지 않을 수가 없었다. 활빈당 무리들이
섬에서 식량 걱정하지 않고 서로 싸우지 않으며 행복하게 살고 있었다.

운구하다 to carry the deceased | 가로지르다 to cross, to traverse | 시아주버니 brother-in-law

9
율도국의 왕이 되다

Track 09

    섬에서는 모두가 아무런 걱정 없이 평화로웠다. 길동 부부는 백성을 사랑했고 백성들도 길동 부부를 존경했다. 백성들은 부지런히 농사를 지어 먹을 것을 마련했고 남자들은 열심히 군사 훈련을 하며 힘을 길렀다. 백성들은 더 바랄 것이 없을 만큼 행복했다.

    그런데 섬의 남쪽에 자리한 율도국은 넓고 기름진 땅을 가진 살기 좋은 곳이었다. 길동은 율도국을 항상 마음에 두고 있었는데 고민 끝에 율도국을 공격하기로 결심했다.

    "내가 율도국을 치고자 한다. 모두 몸과 마음을 다해 나를 따르라!"

    길동은 군사들과 함께 수십 척의 배를 타고 율도국으로 향했다. 길동이 앞장서자 군사들의 사기는 하늘을 찌를 듯했다.

> 하늘을 찌르다 means with an incredible vigor.

기름지다 to be fertile, to be rich | **사기** morale

율도국에 다다르자 길동은 잘 훈련된 병사 오만 명을 거느리고
스스로 선봉에 서서 싸움을 걸었다.

선봉 refers to the very front of a group, or to the people standing in that position. It means to take the lead.

율도국의 철봉 태수가 난데없이 군대가
이르렀음을 보고 크게 놀라 왕에게 보고를
올렸다. 그러는 동시에 군사 한 무리를 거느리고는 달려 나와 길동에
맞서 싸웠다. 하지만 길동은 한 번에 태수를 베고 철봉을 차지한 뒤
그곳의 백성을 달래고 위로했다.

그 뒤로 길동은 부하에게 철봉을 맡기고 자신의 군대를 지휘하여
율도국 도성을 치려고 먼저 서신을 보냈다.

> 홍길동이 율도 왕에게 말하노니, 왕이란 한 사람의 임금이
> 아니라 천하 만인의 임금이다. 내가 천명을 받아 군사를 일으키고
> 먼저 철봉을 격파한 뒤 물밀듯이 들어가니, 왕은 싸우고자 하거든
> 싸우고, 그렇지 않으면 일찍
> 항복하여 살기를 도모하라.

- 천명 means an order from heaven.
- 물밀듯이 expresses the form of an object surging forward one after another.

율도 왕이 서신을 다 보고 매우 놀라서 소리치며 말했다.
"굳게 믿었던 철봉을 잃었으니 우리가 더 이상 어찌 대항하랴."
그러고는 모든 신하를 거느리고
항복했다.

이다/아니다 + –랴 is an old form of speech that explains a fact. –랴 is a sentence-final ending used when questioning something that one has judged impossible to happen.

다다르다 to reach, to arrive | **거느리다** to command | **차지하다** to take possession of | **달래다** to calm | **지휘하다** to lead | **서신** letter | **도모하다** to plan to, to aim to | **대항하다** to resist | **항복하다** to surrender | **죄인** criminal

길동은 성안에 들어가 우선 율도국 백성을 달래어 안심시켰다. 율도국의 새 임금이 된 길동은 백성들의 어려움을 살피는 훌륭한 임금이 되었다. 억울하게 갇힌 죄인을 풀어 주고 나라 곳간을 열어 굶주린 백성에게 곡식을 골고루 나눠 주었다. 그리고 활빈당과 율도국 백성은 함께 어울려 새로운 율도국을 세웠다. 이 나라는 부유한 사람도 가난한 사람도 없었다. 양반도 노비도 없는 평등한 나라였다. 높은 사람도 낮은 사람도, 주인도 하인도 따로 없었다. 길동이 조선 땅에서 겪었던 서자와 적자에 대한 차별은 더더구나 없었다. 누구나 열심히 일하면 배불리 먹을 수 있었고 담이 없어도 도둑 걱정을 하지 않았다. 마을마다 백성들의 웃음과 노랫소리가 끊이지 않는 나라였다.

더더구나 moreover

율도국은 이 세상에 단 하나뿐인 평화로운 세상이 되었다. 율도국의 새 임금 길동에 대한 소문은 먼 나라까지 퍼졌다. 길동이 율도국 임금이 된 지 30년, 길동의 나이 72세가 되던 해에 그는 큰아들에게 왕위를 물려주고 저세상으로 떠났다.

> 저세상으로 떠나다 is a euphemistic expression meaning "to die."

왕위 throne | **물려주다** to turn (something) over (to someone)

부록
Appendix

1

1 **빈칸에 알맞은 단어를 넣어 대화를 완성하세요.**

Put the correct word in each blank to complete the dialogues.

대낮	태도	신분	자존심

(1) 가 어머, 저 옷 정말 멋있지 않니?

　　나 멋있긴 한데 값이 너무 비싸. 학생 (　　　　　　)에 맞지 않아.

(2) 가 아까 편의점에서 학생이 어른에게 하는 말 들었어?

　　나 응. 버릇없는 (　　　　　)에 화가 나서 한 대 때려 주고 싶을 정도였어.

(3) 가 영도는 무척 예민하고 지기 싫어하니 다시는 그녀의 (　　　　　)을/를
　　　건드리지 마.

　　나 나는 단지 그녀를 위한 충고를 해 주고 싶었을 뿐이야.

(4) 가 기분이 안 좋아 보여요.

　　나 엄마한테 (　　　　　)부터 컴퓨터 게임만 한다고 꾸중을 들었거든요.

2 **빈칸에 알맞은 단어를 넣어 문장을 완성하세요.**

Put the correct word in each blank to complete the sentences.

서자	대대로	삼가다	정색하다

(1) 노비 춘섬은 아이를 가진 후 모든 것을 (　　　　　).

(2) 길동과 같은 첩의 자식을 (　　　　　)(이)라고 불렀다.

(3) 홍 대감이 부인과 잠자리에 들려 하자 부인은 (　　　　　).

(4) 홍 대감의 집안은 (　　　　　) 높은 벼슬을 한 훌륭한 가문이다.

3 이야기의 내용과 맞으면 ○, 틀리면 × 표시하세요.

Mark ○ if the statement is true, and mark × if it is false.

(1) 꿈에서 깬 홍 대감은 곧바로 춘섬을 찾아갔다.　　　　　(　　　)

(2) 춘섬의 신분은 유 씨 부인이 데려온 노비였다.　　　　　(　　　)

(3) 길동은 나이가 어려서 훈장님께 칭찬을 받았다.　　　　　(　　　)

(4) 길동이 서당에서 괴롭힘 당한 것은 신분 때문이다.　　　　(　　　)

4 춘섬이 아이를 갖고 한 행동이 <u>아닌</u> 것은 무엇입니까?

Which of the following is an action that Chunseom did not do after getting pregnant?

① 마음을 편하게 가졌다.

② 몸가짐을 바르게 했다.

③ 바르고 좋은 생각을 했다.

④ 사내아이 낳기를 기도했다.

5 다음 질문에 알맞은 답을 쓰세요.

Write the correct answer for each of the following questions.

(1) 홍길동의 태몽을 꾼 사람은 누구인가요?

_____

(2) 홍 대감은 어떤 꿈을 꾸었나요?

_____

_____

(3) 태어난 길동의 몸 어디에 무엇이 있었나요?

_____

_____

2

1 제시된 초성과 뜻을 참고하여 빈칸에 알맞은 단어를 써 보세요.

Using the initial letters and meanings provided, write the correct word in each blank.

(1) 서자인 길동은 자신의 신분을 (   )하며 잠을 이루지 못했다.

▶ 초성: ㅎ ㅌ-하다

▶ 뜻: 원통하거나 뉘우치는 일이 있을 때 한숨을 쉬며 탄식하다.

(2) 길동의 말을 들은 홍 대감은 그 말뜻을 (   )했지만 일부러 꾸중했다.

▶ 초성: ㅈ ㅈ-하다

▶ 뜻: 사정이나 형편 따위를 어림잡아 헤아리다.

(3) 길동이 자신의 (   )을/를 생각하니 한만 쌓여 갔다.

▶ 초성: ㅍ ㅈ

▶ 뜻: 사람의 한 평생의 운수

(4) 집을 떠나기로 결심한 길동은 어머니가 자신을 (   )하지 말 것을 부탁했다.

▶ 초성: ㅇ ㄹ-하다

▶ 뜻: 앞일에 대하여 여러 가지로 마음을 써서 걱정하다.

2 빈칸에 알맞은 단어를 넣어 문장을 완성하세요.

Put the correct word in each blank to complete the sentences.

꾸짖다	남다르다	유별나다	타이르다

(1) 길동은 비록 서자의 신분이지만 총명하기가 (   ).

(2) 홍 대감은 길동이 가진 마음속의 한을 알면서도 (   ).

(3) 서자의 신분을 받아들이지 않는 길동을 홍 대감은 (   )고 생각했다.

(4) 춘섬은 슬퍼하는 길동을 알아듣도록 (   ).

3 어울리는 것끼리 연결하세요.

Connect the items that go well together.

(1) 길동의 총명한 모습을 보며 •

(2) 서자에게 벼슬길이
막혀 있는 세상을 보며 •

(3) 길동에 대한 춘섬의
사랑을 보며 •

(4) 곡산모가 길동 모자를
해치려는 모습을 보며 •

• ① 여한 없는 사랑을 베풀었다.

• ② 화가 생길까 걱정이다.

• ③ 하나를 들으면 열을 안다.

• ④ 심장이 터질 것 같다.

4 글의 내용과 같은 것을 고르세요.

Choose the answer that matches the content of the story.

① 길동은 벼슬길에 나가기 위해 검술을 연습했다.

② 길동과 같은 서자 신분이 당시 시대에는 많았다.

③ 길동은 자신을 서자로 태어나게 한 아버지를 원망했다.

④ 길동의 어머니도 길동이 서자로 태어난 것을 한탄했다.

5 다음 질문에 알맞은 답을 쓰세요.

Write the correct answer for each of the following questions.

(1) 길동은 왜 아버지를 아버지라 부르지 못하고, 형을 형이라고 부르지 못했나요?

_____

(2) 괴로워하는 길동을 아버지 홍 대감과 어머니 춘섬은 왜 감싸 주지 않았나요?

_____

3

1 제시된 초성과 뜻을 참고하여 빈칸에 알맞은 단어를 써 보세요.

Using the initial letters and meanings provided, write the correct word in each blank.

(1) 초란은 홍 대감의 사랑을 차지하는 길동을 없앨 (   )을/를 세웠다.

▶ 초성: ㅎ ㄱ

▶ 뜻: 흉악한 계략

(2) 홍 대감의 집에 한 여인이 찾아와 길동의 (   )을/를 봐 주겠다고 말했다.

▶ 초성: ㄱ ㅅ

▶ 뜻: 사람의 얼굴을 보고 그의 운명, 성격, 수명 따위를 판단하는 일

(3) 길동이 왕이 된다는 말에 홍 대감은 (   )에 빠졌다.

▶ 초성: ㄱ ㅁ

▶ 뜻: 마음속으로 괴로워하고 애를 태움

(4) 홍 대감은 길동을 혼자 지내게 하기로 (   )했다.

▶ 초성: ㄱ ㅅ

▶ 뜻: 할 일에 대하여 어떻게 하기로 마음을 굳게 정함

2 빈칸에 알맞은 단어를 넣어 문장을 완성하세요.

Put the correct word in each blank to complete the sentences.

질투	당장	미리	무시하다

(1) 초란은 홍 대감이 길동과 춘섬을 칭찬하면 (   )이/가 났다.

(2) 초란은 관상녀에게 홍 대감에 대한 이야기를 (   ) 알려 줬다.

(3) 홍 대감은 관상녀의 말을 믿을 수도 (   ) 수도 없었다.

(4) 홍 대감은 길동에게 (   ) 서당을 그만두게 했다.

3 빈칸에 알맞은 말을 넣어 문장을 완성하세요.

Put the correct phrase in each blank to complete the sentences.

| 마음을 먹다 | 머리를 맞대다 | 마음에 걸리다 | 이름을 떨치다 |

(1) 친구를 도와주지 못한 것이 (   ).

(2) 이번 시험을 철저히 준비하기로 (   ).

(3) 풀기 어려운 문제도 여럿이 (   ) 해결할 수 있다.

(4) 한 분야에서 열심히 노력한다면 반드시 (   ) 수 있다.

4 관상녀가 홍 대감에게 한 말로 알맞지 않은 것을 고르세요.

Choose the answer that does not match what the physiognomist said to Minister Hong.

① 길동의 출생에 관한 비밀

② 홍 대감이 무슨 병을 앓았는지

③ 길동이 이 나라의 왕이 된다는 것

④ 홍 대감이 언제 과거 시험을 봤는지

5 다음 질문에 알맞은 답을 쓰세요.

Write the correct answer for each of the following questions.

(1) 평소 홍 대감은 길동을 보며 어떤 걱정을 했나요?

_____

_____

(2) 관상녀의 말을 들은 후 홍 대감은 길동에게 어떤 명령을 했나요?

_____

_____

4

1 다음 문장에 들어갈 단어를 찾아 ○ 표시하세요.

Choose the words that go in the following sentences and mark them with ○.

(1) 길동을 산으로 보낸 홍 대감은 병이 나 (눕게 / 앉게) 되었다.

(2) 초란은 길동을 죽이려 (손님 / 자객)을/를 불렀다.

(3) 길동은 (도술 / 마술)을/를 부려 방 안을 숲으로 만들었다.

(4) 부모님께 (악수 / 절)을/를 하고 길동은 집을 떠났다.

2 표현과 그 의미를 바르게 연결하세요.

Connect the expressions to the correct meanings.

(1) 목이 메다 •

(2) 춤을 추다 •

(3) 손을 쓰다 •

(4) 발걸음이 무겁다 •

(5) 입단속을 하다 •

• ① 어떤 일에 필요한 조치를 취하다

• ② 마음이 편하지 않다

• ③ 감정이 북받쳐 목소리가
잘 나지 않는다

• ④ 말이나 소문이 퍼지지 않게
미리 단속하다

• ⑤ 몹시 기뻐서 날뛰다

3 빈칸에 알맞은 단어를 넣어 문장을 완성하세요.

Put the correct word in each blank to complete the sentences.

차별하다	불길하다	허락하다	어리둥절하다

(1) 까마귀가 울자 길동은 (   ) 느낌을 받았다.

(2) 길동이 살던 시대는 적자와 서자를 (   ).

(3) 맑은 날씨에 갑자기 천둥 번개가 치니 (   ).

(4) 홍 대감은 길동이 아버지라 부르는 것을 (   ).

4 길동이 공부한 내용이 <u>아닌</u> 것은 무엇입니까?

Which of the following did Gildong not study?

① 축지법과 둔갑술

② 신분 차별에 관한 법서

③ 앞날을 내다보는 천문 지리서

④ 전쟁하는 방법을 적은 병법서

5 다음 질문에 알맞은 답을 쓰세요.

Write the correct answer for each of the following questions.

(1) 길동이 떠나면서 아버지께 한 마지막 부탁은 무엇입니까?

_____

_____

_____

(2) 아버지 홍 대감과 어머니 춘섬이 떠나는 길동에게 한 마지막 말은 무엇입니까?

5

1 빈칸에 알맞은 단어를 넣어 대화를 완성하세요.

Put the correct word in each blank to complete the dialogues.

삼다	비집다	헤매다	굶주리다

(1) 가 누구를 우리 대표로 정할까?

나 우리 의견을 잘 전달할 사람을 대표로 (   ).

(2) 가 왜 약속 시간보다 늦었어요?

나 길을 잘 몰라서 이 근처에서 (   ).

(3) 가 유니세프 홍보 영상을 보니 많은 아이들이 (   ) 있었어요.

나 그래요? 저도 후원 신청해야겠네요.

(4) 가 어제 BTS 공연 어땠어요?

나 사람이 너무 많아서 간신히 (   ) 들어갔어요.

2 빈칸에 알맞은 단어를 넣어 문장을 완성하세요.

Put the correct word in each blank to complete the sentences.

소굴	두목	호통	번쩍

(1) 산적들은 (   )을/를 뽑으려 힘겨루기를 하고 있었다.

(2) 산적들의 (   )에도 길동은 당당했다.

(3) 길동은 집채만 한 바위를 (   ) 들어 올렸다.

(4) 산적 (   )에서 길동은 백성들의 생활을 알게 되었다.

3 다음은 누가 할 수 있는 말입니까? 알맞게 연결하세요.

Who would say the following? Connect the characters to the correct answers.

· ① "하룻강아지 범 무서운 줄 모른다더니."

(1) 홍길동 ·

· ② "어떻게 하면 백성을 도울 수 있을까."

(2) 산적들 ·

· ③ "저 돌쯤이야 내가 들 수 있지."

4 이야기의 내용과 맞으면 ○, 틀리면 × 표시하세요.

Mark ○ if the statement is true, and mark × if it is false.

(1) 집을 나온 길동은 곧장 도적들이 있는 곳을 찾아갔다. (　　)

(2) 도적들은 바윗덩이를 아무도 들지 못했다. (　　)

(3) 산적들과 길동은 흰말의 피를 마시며 의리를 맹세했다. (　　)

(4) 우두머리가 된 길동은 고민 없이 편한 생활을 했다. (　　)

5 다음 질문에 알맞은 답을 쓰세요.

Write the correct answer for each of the following questions.

(1) 길동이 자신이 이끄는 도적 무리에 붙인 이름은 무엇인가요?

_____

(2) 도적 무리에 붙인 이름의 뜻은 무엇인가요?

_____

(3) 길동이 살았던 당시 조선의 상황은 몹시 어지러웠어요. 구체적으로 어떠했는지 찾아 적으세요.

_____

_____

<u>6</u>

1 다음 문장에 들어갈 단어를 찾아 ○ 표시하세요.

Choose the words that go in the following sentences and mark them with ○.

(1) 길동은 부하들과 해인사의 재물을 (훔칠 / 숨길) 계획을 짰다.

(2) 도령 차림의 길동을 보고 스님들은 (벌써 / 감히) 고개도 들지 못하고 굽실거렸다.

(3) 길동의 (꾀 / 함정)에 속아 절은 (탕탕 / 텅텅) 비게 되었다.

(4) 길동의 무리는 빈 절에 들어가 모든 (재물 / 재산)을 싣고 산을 (뛰어왔다 / 내려왔다).

2 다음은 길동이 온 나라에 써 붙인 글입니다. 빈칸에 알맞은 단어를 넣어 글을 완성하세요.

The following is the statement Gildong posted across the country. Put the correct word in each blank to complete it.

내	곡식	말다	훔치다

(1) (　　　　　　　)와/과 재물을 (2) (　　　　　　) 것은 나 홍길동과
활빈당이다. 잘못이 있다면 (3) (　　　　　　)이/가 벌을 받을 것이니 죄 없는
백성을 괴롭히지 (4) (　　　　　　)!

홍길동 씀

3 다음 상황에 맞는 표현을 찾아 바르게 연결하세요.

Connect the following situations to the correct expressions.

(1) 못된 사또들이 혼나는 모습을　　　•
　　보는 백성들

(2) 백성들이 모이면 홍길동 이야기를　•
　　하며 즐거워하는 모습

(3) 길동이 가져온 재물을 보며　　　　•
　　스님들이 좋아하는 모습

(4) 가난한 백성과 나라의 재물은　　　•
　　하나도 훔치지 않는 모습

•　① 앓던 이가 쏙 빠지다.

•　② 입이 귀에 걸리다.

•　③ 이야기꽃을 피우다.

•　④ 털끝 하나도 건드리지 않다.

4   글의 내용과 다른 것을 고르세요.

Choose the answer that does not match the content of the story.

① 스님들은 길동이 과거 준비를 한다고 믿었다.

② 길동이 밥을 먹으며 모래를 씹자 스님들은 놀랐다.

③ 절에 도둑이 들었다는 사실을 스님이 관아에 신고했다.

④ 길동은 일곱 개의 허수아비로 길동을 만들어 백성을 도왔다.

5   다음 질문에 알맞은 답을 쓰세요.

Write the correct answer for each of the following questions.

(1) 길동이 도적을 이끌고 처음 재물을 훔친 곳은 어디입니까?

(2) 활빈당이 절의 곡식과 재물을 훔친 이유는 무엇입니까?

(3) 길동은 훔친 재물들을 어떻게 사용했나요?

7

1 빈칸에 알맞은 단어를 넣어 대화를 완성하세요.

Put the correct word in each blank to complete the dialogues.

비리	차별	정중히	뉘우치다

(1) 가 어제 고민하던 문제 해결했니?

　　나 응, 내가 미정 씨한테 (　　　　　　　) 사과했어.

(2) 가 이번 선거에서 어떤 후보를 찍을 거예요?

　　나 무엇보다 (　　　　　　)이/가 없는 후보를 찍고 싶어요.

(3) 가 인간을 위해 자연을 훼손하는 것은 아니라고 생각해.

　　나 맞아. 파괴되는 자연 앞에서 우리는 잘못을 (　　　　　　) 해.

(4) 가 옛날 한국에서는 아들과 딸을 (　　　　　　)했다면서요?

　　나 네, 아들만이 조상께 제사를 지내고 가문을 이을 수 있다고 생각했죠.

2 빈칸에 알맞은 단어를 넣어 문장을 완성하세요.

Put the correct word in each blank to complete the sentences.

곳곳	불같이	애원하다	갸우뚱거리다

(1) 전국에 동시에 길동이 나타나자 임금은 고개를 (　　　　　　).

(2) 병든 아버지를 대신해 인형은 전국 (　　　　　　)에 길동을 찾는 글을 붙였다.

(3) 임금 앞에 잡혀 온 여덟 길동은 자신들의 이야기를 들어 달라고 울며 (　　　　　　).

(4) 길동이 구름을 타고 사라지자 임금과 신하들은 (　　　　　　) 화를 냈다.

3 다음 상황에 맞는 표현을 찾아 바르게 연결하세요.
Connect the following situations to the correct expressions.

(1) 길동이 전국을 다니며 소란을 피운다는
소식을 들은 임금님 ·

· ① 고개를 숙이다

(2) 재주 많은 길동이 도적이 되었다는
소문을 들은 홍 대감 ·

· ② 골치를 앓다

(3) 길동이로 인해 자신들의 잘못이
밝혀진 신하들 ·

· ③ 기가 막히다

4 이야기의 내용과 맞으면 ○, 틀리면 × 표시하세요.
Mark ○ if the statement is true, and mark × if it is false.

(1) 홍 대감은 나이가 들어 병이 들었다. (   )
(2) 인형은 동생 길동을 잡으려는 신하들을 원망했다. (   )
(3) 진짜 길동을 찾아내기 위해 임금은 홍 대감을 불렀다. (   )
(4) 진짜 길동은 사라지고 허수아비 일곱 개만 남았다. (   )
(5) 길동은 임금님께서 내린 병조 판서를 받아들였다. (   )

5 다음 질문에 알맞은 답을 쓰세요.
Write the correct answer for each of the following questions.

(1) 진짜 길동을 찾기 위해 홍 대감은 길동의 다리에 무엇이 있다고 임금님께 말했나요?

(2) 길동이 임금님께 병조 판서 자리를 요구한 까닭은 무엇인가요?

(3) 길동이 마지막으로 임금님께 부탁한 것은 무엇인가요?

① _____

② _____

8

1 다음 문장에 들어갈 단어를 찾아 ○ 표시하세요.
Choose the words that go in the following sentences and mark them with ○.

(1) 조선을 떠나는 길동과 부하들은 새로운 세계에 대한 (절망 / 희망)으로 가득 찼다.

(2) 활빈당 무리는 나무를 (베어 / 심어) 집을 짓고 거친 땅을 (막아 / 갈아) 농사를 지었다.

(3) 홍 대감은 죽기 전에 인형에게 (유언 / 유서)를 남겼다.

(4) 가족들은 홍 대감의 묏자리를 구하지 못해 (불만이었다 / 난처했다).

2 다음은 홍 대감이 죽기 전에 한 말입니다. 빈칸에 알맞은 단어를 넣어 글을 완성하세요.
Minister Hong says the following before he dies. Put the correct word in each blank to complete it.

대접	생사	적서	여한

"내가 죽더라도 (1) (   )은/는 없으나, 길동의

(2) (   )을/를 알지 못하는 것이 마음에

걸리는구나. 만약 살아 있다면 찾아올 것이니,

(3) (   )을/를 구분하지 말고 그 어미도 잘

(4) (   )하거라."

3 길동의 무리가 섬에 도착해서 한 일이 <u>아닌</u> 것을 고르세요.

Which of the following did Gildong's band not do after reaching the island?

① 항구를 지었다.

② 군사 훈련을 했다.

③ 집을 짓고 농사를 지었다.

④ 배를 타고 진귀한 물건을 팔았다.

4 글의 내용과 같은 것을 고르세요.

Choose the answer that matches the content of the story.

① 길동 일행은 사람이 살지 않는 섬이라 실망했다.

② 장사하는 배가 섬에 들어오며 부강한 섬이 되었다.

③ 홍 대감이 돌아가실 때 인형과 길동이 곁에 있었다.

④ 길동은 인형과 함께 섬에 가서 묏자리를 알아보았다.

5 다음 질문에 알맞은 답을 쓰세요.

Write the correct answer for each of the following questions.

(1) 길동이 가진 큰 꿈은 무엇인가요?

_____

_____

(2) 길동을 알아본 인형은 어떻게 했나요?

_____

_____

(3) 결국 아버지 홍 대감은 어디에 묻혔나요?

_____

_____

9

1 다음은 길동이 건설한 율도국의 모습입니다. 빈칸에 알맞은 단어를 넣어 글을 완성하세요.

The following describes the Kingdom of Yuldo Island that Gildong built. Put the correct word in each blank to complete the text.

| 양반 | 평등 | 높다 | 차별 | 낮다 |
| 노비 | 가난하다 | 부유하다 | | |

율도국은 (   ) 사람도 (   ) 사람도 없었다.
(   ) 사람도 (   ) 사람도 없었다. (   )도
(   )도 없는 (   )하고 (   ) 없는 이상 국가였다.

2 빈칸에 알맞은 단어를 넣어 문장을 완성하세요.

Put the correct word in each blank to complete the sentences.

| 흘리다 | 앞장서다 | 마련하다 | 평화롭다 |

(1) 백성들은 농사를 지어 먹을 것을 (   ).

(2) 길동은 (   ) 군사를 이끌고 율도국을 향했다.

(3) 홍길동은 피 한 방울 (   ) 않고 왕이 되었다.

(4) 율도국은 세상에서 단 하나뿐인 (   ) 나라가 되었다.

3 **어울리는 것끼리 연결하여 문장을 만드세요.**
Connect the items that go well together to create sentences.

(1) 율도국을 공격하는 군사들의 사기가   •

•   ① 담이 없다.

(2) 길동은 전쟁하지 않고 율도국을   •

•   ② 손에 넣었다.

(3) 길동이 다스리는 율도국은 도둑이 없어서   •

•   ③ 하늘을 찌른다.

(4) 길동은 큰아들에게 왕위를 물려주고   •

•   ④ 세상을 떠났다.

4 **글의 내용과 다른 것을 고르세요.**
Choose the answer that does not match the content of the story.

① 율도국은 넓고 기름진 땅을 가졌다.

② 율도국 백성들은 길동과 부하들을 환영했다.

③ 조선에서 경험한 적자와 서자를 만들어 다스렸다.

④ 백성들의 웃음과 노랫소리가 끊이지 않고 들렸다.

5 **다음 질문에 알맞은 답을 쓰세요.**
Write the correct answer for each of the following questions.

(1) 활빈당과 율도국 백성들이 같이 사는 새로운 율도국은 어떤 나라입니까? (3개만 쓰세요.)

①　_____

②　_____

③　_____

1 ~ 9

1 다음은 '홍길동전'의 줄거리입니다. 빈칸에 알맞은 단어를 골라 쓰세요.

The following is a summary of "The Story of Hong Gildong." Put the correct word in each blank to complete it.

차별	서자	도적 떼	만들다
벌주다	나누다	사양하다	

홍 대감의 아들 '홍길동'은 (2) (   )(이)라는 이유로 아버지를 아버지라 형을 형이라 부르지 못하고, 과거도 볼 수 없는 (2) (   ) 을/를 받는다. 길동은 열심히 공부하여 뛰어난 학식과 무술 실력을 갖추지만, 갈수록 깊어 가는 한과 자신을 해치려는 초란의 흉계로 인해 집을 떠난다.

길동은 자신의 비범한 능력을 알아보는 (3) (   )의 두목이 된 후, 그 무리의 이름을 '활빈당'이라 짓는다. 또 백성을 괴롭히는 벼슬아치들을 찾아내 (4) (   ), 빼앗은 재물은 가난한 백성에게 (5) (   ) 주는 등 의로운 일을 계속하여 백성들은 길동을 응원한다.

한편 조정에서는 길동을 잡으려고 하지만 길동은 신통한 재주로 번번이 사라진다. 결국 임금은 길동이 원하는 병조 판서의 벼슬을 길동에게 내린다. 그러나 길동은 벼슬을 (6) (   ) 나라와 백성을 잘 다스려 줄 것을 부탁하며 조선을 떠난다. 그 후 길동은 활빈당 무리와 섬으로 건너가 율도국을 정벌하고 왕이 되어 그가 꿈에 그리던 평등한 나라를 (7) (   ).

2 길동이 살았던 시대는 신분 차별이 존재하는 사회였어요. 서자의 신분으로는 어떤 꿈도
이룰 수 없기에 길동은 자객을 죽이고, 활빈당의 두목이 되어 사회에 저항합니다. 그런데
제도가 틀렸다고 사람을 죽이고 남의 것을 빼앗는 행위가 옳을까요? 여러분은 길동의
행동을 어떻게 생각하나요?

In the era in which Gildong lived, the class discrimination existed in society. Gildong kills the
assassin and resists society by becoming the leader of the Hwalbindang, as he cannot achieve
any dream as an illegitimate son. But is it right to kill people and steal other people's things just
because the system is wrong? What do you think of Gildong's actions?

〔 옳다 / 옳지 않다 〕

_____

_____

_____

_____

3 여러분의 나라에도 '잘못된 제도에 저항하는 인물'을 다룬 이야기가 있나요? 있다면
소개해 봅시다.

Is there a story in your country about "someone who resisted an unjust system"? If yes, let's
introduce it here.

_____

_____

_____

_____

1장

1 (1) 신분   (2) 태도
    (3) 자존심   (4) 대낮

2 (1) 삼갔다   (2) 서자
    (3) 정색했다   (4) 대대로

3 (1) ×   (2) ○   (3) ×   (4) ○

4 ④

5 (1) 홍 대감
    (2) 푸른 용 한 마리가 물줄기를 타고 솟아올라 홍 대감에게 달려들더니 홍 대감의 입속으로 들어가는 꿈
    (3) 왼쪽 다리에 북두칠성 모양의 붉은 점 일곱 개가 있었다.

2장

1 (1) 한탄   (2) 짐작
    (3) 팔자   (4) 염려

2 (1) 남달랐다   (2) 꾸짖었다
    (3) 유별나다   (4) 타일렀다

3 (1) ③   (2) ④   (3) ①   (4) ②

4 ②

5 (1) 정실부인이 아닌 첩에게서 태어난 서자이기 때문에
    (2) ① 홍 대감: 위로해 주면 건방져질까 봐 걱정되어서
       ② 어머니: 길동의 행동이 더욱 건방지게 될 것을 염려해서

3장

1 (1) 흉계   (2) 관상
    (3) 고민   (4) 결심

2 (1) 질투   (2) 미리
    (3) 무시할   (4) 당장

3 (1) 마음에 걸렸다
    (2) 마음을 먹었다
    (3) 머리를 맞대면
    (4) 이름을 떨칠

4 ①

5 (1) 서자로 태어난 것을 한탄하다가 나쁜 일을 꾸밀까 걱정했다.
    (2) 서당을 그만두고 집을 나가 산에서 혼자 지내라고 했다.

4장

1 (1) 눕게   (2) 자객
    (3) 도술   (4) 절

2 (1) ③   (2) ⑤   (3) ①
    (4) ②   (5) ④

3 (1) 불길한   (2) 차별하였다
    (3) 어리둥절하였다   (4) 허락하였다

4 ②

5 (1) 단 한 번이라도 좋으니 나리를 아버지라 부르게 허락해 주십시오.
    (2) ① 홍 대감: 너는 누구보다 신중하고 생각이 깊은 아이니 네 결정을 믿는다. 어디에 있든 늘 몸조심하고 언제든 돌아와라.
       ② 어머니: 어디에서 무엇을 하든 나라와 가엾은 어미를 기억해라. 새벽마다 네가 잘 되기를 기도하겠다.

5장

1 (1) 삼아야지　　　　　(2) 헤맸어요
　　(3) 굶주리고　　　　　(4) 비집고

2 (1) 두목　　　　　　　(2) 호통
　　(3) 번쩍　　　　　　　(4) 소굴

3 (1) ②, ③　　　　　　 (2) ①

4 (1) ×　　(2) ○　　(3) ○　　(4) ×

5 (1) 활빈당
　　(2) 가난한 사람들을 살리는 무리
　　(3) 계속된 흉년으로 굶주린 백성들이 빚에 시달
　　　리다가 노비가 되거나 도적 떼가 되었다.

6장

1 (1) 훔칠　　　　　　　(2) 감히
　　(3) 꾀, 텅텅　　　　　 (4) 재물, 내려왔다

2 (1) 곡식　　　　　　　(2) 훔친
　　(3) 내　　　　　　　　(4) 마라

3 (1) ①　　(2) ③　　(3) ②　　(4) ④

4 ③

5 (1) 해인사
　　(2) 백성에게 병을 낫게 해 주겠다, 부자가 되게
　　　부처님께 빌어 주겠다며 속여 재산을 몽땅
　　　절에 바치게 했고 절 곳간에는 그렇게 거둔
　　　곡식과 옷감이 넘쳐 났기 때문에
　　(3) 굶주린 백성에게 골고루 나누어 주었다.
　　　가난한 백성을 구하는 데 사용했다.

7장

1 (1) 정중히　　　　　　(2) 비리
　　(3) 뉘우쳐야　　　　　(4) 차별

2 (1) 갸우뚱거렸다　　　(2) 곳곳
　　(3) 애원했다　　　　　(4) 불같이

3 (1) ②　　(2) ③　　(3) ①

4 (1) ×　　(2) ×　　(3) ○
　　(4) ○　　(5) ×

5 (1) 왼쪽 다리에 북두칠성 모양의 붉은 점
　　　일곱 개
　　(2) 자신과 같은 서자도 차별 없이 벼슬에 나갈
　　　길을 열어 달라는 뜻에서 요구했다.
　　(3) ① 서자를 차별하는 악법을 고쳐 주십시오.
　　　② 간신들을 멀리 하시고 백성들의 어려움을
　　　　살피는 어진 임금님이 되어 주십시오.

8장

1 (1) 희망　　　　　　　(2) 베어, 갈아
　　(3) 유언　　　　　　　(4) 난처했다

2 (1) 여한　　　　　　　(2) 생사
　　(3) 적서　　　　　　　(4) 대접

3 ④

4 ②

5 (1) 누구나 살고 싶어 하는 나라를 자기 손으로
　　　세우는 것
　　(2) 길동의 손을 이끌고 안방으로 들어가 유 씨
　　　부인께 인사시키고 어머니인 춘섬과도 얼굴
　　　을 보게 했다.
　　(3) 길동이 사는 섬에 있는 산

9장

1

> 율도국은 (가난한) 사람도 (부유한)
> 사람도 없었다. (높은) 사람도 (낮은)
> 사람도 없었다. (양반)도 (노비)도 없는
> (평등)하고 (차별) 없는 이상 국가였다.

2 (1) 마련했다　　　　(2) 앞장서서
　　(3) 흘리지　　　　　(4) 평화로운

3 (1) ③　　(2) ②　　(3) ①　　(4) ④

4 ③

5 (1) 무능한 율도국의 왕을 몰아내고 고통 받는
　　　백성들을 구하기 위해서

　　(2) ① 부유한 사람도 가난한 사람도 없다.

　　　② 양반도 노비도 없는 평등한 나라다.

　　　③ 높은 사람도 낮은 사람도 주인도 하인도
　　　　없다.

　　　④ 서자와 적자의 차별이 없다.

　　　⑤ 누구나 열심히 일하면 배불리 먹을 수
　　　　있다.

　　　⑥ 담이 없어도 도둑 걱정을 하지 않는다.

　　　⑦ 마을마다 백성들의 웃음과 노랫소리가
　　　　끊이지 않는다.

1 (1) 서자　　(2) 차별
　　(3) 도적 떼　　(4) 벌주고
　　(5) 나누어　　(6) 사양하고
　　(7) 만든다

1

Born with the Vigor of a Dragon

p.11

In the Joseon Dynasty in Hanyang, there lived Minister Hong. He came from an excellent family and from generation to generation, his ancestors had held high positions in the government. Minister Hong was kind-hearted and virtuous and the people respected him and followed him, and even the king trusted and relied on him.

Minister Hong had two sons: the first, Inhyeong, a legitimate son who was born to the minister's lawful wife, and the second, who was born to a concubine but was extraordinarily clever. This is the situation into which Gildong was born.

One day, Minister Hong was sitting in his study reading when he nodded off and dreamed he was walking alone in a place with a beautiful view. He looked around the woods for a long time and arrived in front of a refreshingly cascading waterfall.

p.12

But suddenly, the stone that Minister Hong was standing on made a sound and began to shake and a blue dragon burst forth riding a current of water. The dragon rushed at Minister Hong in an instant so he had no chance to avoid it and was swallowed up into its mouth.

Minister Hong woke from his dream with a startle. Having dreamed this mysterious dream, he thought, with great joy in his heart, "A dream of a dragon is a good dream that means a precious son will be born to our family!"

Minister Hong went straight to the room of Madame Yu, his lawful wife. But she refused him a place in her bed and he had no choice but to leave. Minister Hong came to have a son with Chunseom, a servant Madame Yu had brought with her.

The talented and virtuous Chunseom, carrying Minister Hong's child, conducted herself properly and kept her mind peaceful for 10 months. She refrained from speaking bad words or behaving coarsely and thought only good and proper thoughts. Minister Hong regarded her highly and made her his second wife.

At last, 10 months passed and Chunseom gave birth to her child. The child given by the dream of the dragon was a strong and handsome boy. Remarkably, on the child's left leg were seven red spots in the shape of the Big Dipper. Minister Hong gave him the name "Gildong."

p.13

Gildong grew quickly under his mother's care. Once he was old enough to learn to read, he went to seodang, the village school, like the

other children. Many young boys from good families attended the school, but among them, Gildong was the smartest. Each time the school teacher saw him, he felt sorry. "What a shame for that child. If he hadn't been born as an illegitimate son, he would have grown great in the future..."

p.14

One day, Gildong was beaten by the other young boys in the school. This was because Gildong had memorized from start to finish a difficult book that none of them had been able to memorize, and the school teacher had praised him. Their pride had been hurt because Gildong, an illegitimate child who was younger than them, was smarter than his older classmates.

"Hmph, an illegitimate son showing off!"

"Do you think that attending school and learning to read make you the same station as us? What does it matter if your father is a minister? Your mother's a lowly servant! It's of no use if you study!"

The boys pushed Gildong against a wall and beat him badly. Gildong, who returned home having been beaten until his nose bled, felt it was unfair that he had been hit despite having done nothing wrong, but more than that, the word "illegitimate" hurt him greatly.

"Illegitimate! So even if my father is a minister, even if I study, it's no use because I'm illegitimate." Gildong cried for a long while, his shoulders shaking. But he did more than just cry. When a few days had passed, he pulled himself together and went back to the school and studied even harder.

2

Unable to Call His Father "Father"

p.15

When Minister Hong saw the exceptionally clever Gildong, he was very happy, but on the other hand, was deeply regretful that he had been born an illegitimate son. Gildong was quick on the uptake and there was nothing he didn't know after seeing it just once. Everyone praised the clever Gildong and Minister Hong loved him as well. But because he was an illegitimate child born to a concubine, not a legal wife, Gildong was unable to call his father as "father" or Madame Yu's son Inhyeong as "older brother." Not only that, but no matter how talented he was, his path to a government position was blocked.

On brightly moonlit nights, Gildong strolled through the yard and lamented his position in life. On an autumn evening when a lonely wind was blowing and the cries of geese made his heart feel even more troubled, Gildong, who had been reading in his room, closed his book and sighed.

p.16

"A worthy man born into this world should study, serve as a government official, make a great contribution to his country, and make his name known all throughout the world... How is it that I have such a lowly life that I can't call my father 'father' or my brother 'brother?' All of this is forbidden to an illegitimate son and I feel as if my heart will burst!"

Gildong finished speaking and went down to the yard with a heavy heart and began practicing his swordsmanship. At that time, Minister Hong, who was taking in the moonlight, saw Gildong waving his sword about.

"What are you so excited about that you aren't sleeping and have come out here deep into the night?"

"I came out because the moonlight is nice, sir. When heaven made all of creation, people were made to be the most precious, but there is nothing precious about me so how can I be called a person?"

Minister Hong guessed at the meaning of Gildong's words but deliberately scolded him.

"What kind of talk is that?"

"As the child of a minister, I was born a dignified man, but I cannot call my father, who helped bear me and raise me, my father, and I cannot call my brother, with whom I share flesh and blood, my brother, so how can I be called a person?"

p.17

Gildong, with tears flowing, stopped speaking, and Minister Hong's heart hurt greatly. But he thought that if he comforted Gildong, he might act impertinently, and so he scolded him further.

"You aren't the only low-born person in this world, so how can you behave so strangely? Don't speak like that again. If you do it once more, I won't forgive you."

p.18

Hearing Minister Hong's words, Gildong simply laid on the ground and wept. After Minister Hong went back inside, Gildong returned to his room and fell into sadness. By nature, he was the talented Gildong with an outgoing personality, but when sadness came over his heart, he was unable to sleep. Bearing his sorrow within him, he went to lament to his mother.

"We became mother and child because our bond in a previous life was profound. I don't regret your kindness, but when I think about my fate to be born into this lowly body, my resentment only grows deeper. I'll leave this home so please don't worry about me, mother, and be healthy."

Hearing her son's words, Chunseom's heart hurt as well. But she worried that if she let him be, Gildong would behave more impertinently and so she tried to persuade him so he would understand.

"You aren't the only illegitimate child to be born to a minister's family, so why are you being so narrow-minded and frightening your mother? If you wait a little longer, sooner or later, the minister will make a decision."

p.19

"Even considering the disdain of my father and my brother, it's the whispers of the servants and the children that cause me unbearable pain. What's more, considering Choran's words and actions lately, she views us, mother and son, as her enemies and is just waiting for a chance to harm us. I won't give you cause for worry after I leave. I'm worried that because of me, something bad might happen to you, so please don't be concerned that I'm leaving."

Mother Chunseom heard these words and felt very saddened.

3
Falling into Choran's Evil Plot

p.20

Minister Hong had another concubine named Choran. Choran, who had been a gisaeng, was from Goksan and was called "Mother Goksan." She was young and her face was beautiful but she had an awful personality and her jealousy was severe. Whenever Minister Hong praised Chunseom or Gildong, her jealousy would become unbearable. Thinking Minister Hong's love might be taken from her, the worried Choran made up her mind to get rid of Gildong.

One day, to get rid of Gildong, she went to seek out a female shaman who was an acquaintance of hers. The shaman, hearing Choran's story, introduced her to a physiognomist. The three of them put their heads together and came up with a plan to get rid of Gildong.

One day, for the first time in a long while, Minister Hong was drinking tea and talking with his family.

"My Lord, a woman who performs face readings well is here and says she would see you."

p.21

At his servant's word, Minister Hong called for the physiognomist. The physiognomist bowed politely and began by looking carefully at Minister Hong's face. Then she correctly guessed at what age the minister had passed the civil service exam, what illnesses he had had as a child, and what ailed him now. Minister Hong was fascinated and praised the physiognomist's talents. But in fact, this had all been told to the physiognomist by Choran beforehand.

"I heard a rumor that in your family, Minister, is a clever son named Gildong. I would like to read his face to see if that's so."

Minister Hong was curious about Gildong's future and called him and showed him to the physiognomist. Shortly after, Gildong was seated before the physiognomist. She narrowed her eyes and pretended to look carefully at Gildong. Having stared for a long time at his clear forehead and his cleverly shining eyes, his nose and mouth, and even his ears, the physiognomist spoke.

"Young master Gildong is no ordinary young man. In the future, he'll become a person whose name will be known throughout this land. And yet, and yet..."

At the physiognomist's look of hesitation, Minister Hong pressed her for an answer.

"Oh ho! How frustrating. What will become of his future?"

"Your son's destiny is to become the king of this land."

"Wh-what's that? Become the king?"

p.22

Having heard the physiognomist's words, the family's mouths fell open in shock. To say Gildong would become the king was to say

he would soon become a traitor. If he became a traitor, then his family and of course even his other relatives would all be killed. There were no more frightening words than those that he would oust the monarch and become the new king.

p.23

For some time, Minister Hong was speechless. With difficulty, he calmed himself and told the physiognomist and the family to leave and then fell lost in thought. After a short while, he called the physiognomist back, told her firmly not to let the rumor out, gave her a lot of money, and sent her away.

In truth, Gildong had always weighed on Minister Hong's mind. He wondered what if Gildong, lamenting having been born an illegitimate son, planned to do something bad. Not long after the physiognomist had come and gone, he made a difficult decision. He told Gildong to immediately quit school and leave home to live alone in the mountains starting the next day.

"My lord, I truly enjoy studying at school. Why are you suddenly telling me to quit school when I'm learning with all my effort how to read and write? If you say to go live on my own in the mountains, does that mean

I'll have to be separated from my mother as well?"

Minister Hong had already prepared a small house where Gildong would live alone in the mountains. Gildong felt it was unfair that he had to quit school, but to be separated from his mother and kicked out of the house, he felt incredibly surprised and saddened. But he could not go against Minister Hong's will. The next day, Gildong left home and went into the mountains.

4

Killing Someone and Leaving Home

p.24

Kicked out of his home and living alone in the mountains, Gildong still did not neglect his studies. Not only did he re-read the scriptures he had learned at seodang, he diligently obtained and read a book of military strategy about how to wage war, and a book of astronomical geography about observing the movements of the constellations to read the future. He also sought out an ascetic who lived in the mountains and learned how to contract space in order to travel long distances very quickly, as well as Taoist magic that allowed him to transform his appearance.

After sending Gildong to the isolated house deep in the mountains, Minister Hong fell heartsick and couldn't sleep and lost his appetite, and at last was laid out in bed with illness. The sadness of Chunseom, who had to live apart from her one and only son, also grew. However, she did not let her feelings show and instead went out each dawn to draw clear water and pray to the gods to keep her son safe.

p.25

Meanwhile, after chasing Gildong out, Choran was so happy that she wanted to dance. But Gildong was still alive, so she wasn't completely safe. She goaded Minister Hong at every opportunity, saying Gildong must be eliminated. She said it was for the good of the Hongs' and the country that the child who would become a traitor must be killed. But from Minister Hong's perspective, no matter what anyone said, to kill his own child was not to be done. Choran sought out the female shaman again and came up with a plan. She decided to call for an assassin who would kill for money.

It was the night that the assassin went to the isolated house in the mountains to kill Gildong. Gildong, who was reading, heard from the western sky the sound of a crow crying ominously.

"That's strange. Crows aren't birds which cry at night, so what's going on? It seems something bad will happen."

Gildong took out his book and read his fortune as he had learned, and was shocked. "My goodness! Tonight, someone is coming to harm me!"

p.26

Gildong used his Taoist magic to turn the inside of his room into a dense forest. At the same time, the assassin, who had covered his body in black cloth, carefully pushed the door of the room where Gildong was. But when he opened the door and went inside the room, a dense forest appeared before him. What's more, though just before, the weather had been clear without a drop of rain, suddenly, lightning and

thunder struck, a rough wind blew, and rain was pouring down in torrents. The confused assassin wandered here and there trying to escape the wind and rain and ended up losing his way. The bewildered assassin swung his blade in the empty air and spoke.

p.28

"Hong Gildong, come out immediately and face my blade."

"Hey there, you scoundrel, who are you to try to kill me?"

When Gildong, riding a crane like a magical being, flew through the sky and shouted, the startled assassin ended up dropping his blade.

"Don't bear a grudge against me. Gildong, although you have miraculous talents, you can't win against me. I only came here because Choran planned with the shaman and asked me to kill you."

"No matter how much you like money, I can't forgive you for trying to claim the lives of others. Hey!"

When Gildong gave a shout of concentration, the blade the assassin had dropped suddenly surged up into the air. The blade danced in midair and then suddenly flew at the assassin. The assassin ran here and there trying to avoid it, but the blade was flying at a quick speed and soon stuck in the assassin's chest. The assassin, unable to even lift a finger, fell dead on the spot.

Gildong sought out the cunning, evil shaman and physiognomist and killed them all. And then he went to find Choran, who had arranged all of this. He could not forgive Choran, who had deceived Minister Hong and tried to kill Gildong, who had done nothing wrong. Gildong, who looked down at the sleeping Choran for a long while, simply left her room. Although she had tried to kill him, a stepmother was a parent too and as such, he could not bear to hurt her.

p.29

Finally, Gildong went to find his father. Seeing Gildong, who had come to him unexpectedly in the middle of the night, Minister Hong was shocked. But he soon scolded him frighteningly.

"What is going on in the middle of the night like this? Didn't I tell you to never come down from the mountain until I specifically contacted you!?"

Minister Hong, who had been sick for a long time after sending Gildong away, looked very gaunt. Seeing him after so long, Gildong burst into the tears he had held back. It was because, one by one, the sad things that had happened to him in the past came to mind.

"My Lord, last night, someone who is trying to end my life sent an assassin to kill me. I have killed those who deceived us with my own hand and am going to leave."

Minister Hong made to ask Gildong what had happened at night and who had wanted to take his life, but then stopped. Because even if Gildong didn't tell him, Minister Hong knew who had called for the assassin.

"My Lord, I'll go out into the wide world and carry out the will I hold in my heart. I came to find you in the middle of the night to deliver my final greeting to you, so please accept my bow."

Minister Hong could not stop Gildong.

"Before I leave, I have one last favor to ask of you. Even if it's just this once, please allow me to call you 'father,' My Lord."

p.30

When he saw Gildong crying, Minister Hong grew choked up as well.

"How is it that I wouldn't know your sadness? The laws of the land discriminate between legitimate and illegitimate children so there is nothing that I can do. But no matter what anyone says, you are my son. My precious son who was born with the power of a dragon. Do you understand? Go on then, call me 'father.'"

"Oh, father, father."

For the first time since he had been born, Gildong called for his father and wept.

"You're a child more cautious and of deeper thought than any other, so I trust your decision. Alright, leave while your mind is made up. Wherever you go, take care of yourself. And come back any time."

When Gildong finished parting with his father, he sought out his mother Chunseom and bid her farewell as well.

"Alright, wherever you go and whatever you do, remember your country and this pitiful mother of yours. Each morning, I'll pray and wish for you to be well."

p.31

It hurt to have to be parted without promising to meet again, but in her heart, she wished for her son to live by spreading his will in the wide world. Having bowed to his mother and left, Gildong's footsteps grew heavy.

The next morning, Minister Hong ordered a servant to secretly remove the bodies of the physiognomist, the shaman, and the assassin. Of course, he firmly ordered the servant not to speak a word of this so that none of it would leak to the outside. And then Minister Hong scolded Choran terribly and kicked her out.

5

Becoming the Leader of the Hwalbindang

p.32

Gildong left the house with rice balls his mother had prepared for him. He had truly left, but had no proper place to go, and so he roamed here and there for some time. Having wandered in the woods, he was sitting on a rock and resting for a moment. But from somewhere deep in the mountains, he heard the sounds of people. Gildong walked carefully to where the sounds were coming from. When he got close to a large, rocky cliff, he heard the sounds grow a little louder. When he approached the cliff and looked down, there were dozens of houses clustered together in a wide field.

Gildong went down to where many people were gathered in the center of the town. As he got close, large men were making a commotion as they drank liquor and grilled and ate meat. Pushing through the crowd of people, Gildong cocked an ear to hear what the men were talking about.

p.33

Watching them carefully, he saw these men were bandits who stole money and belongings from people coming and going from the mountain. The bandits were having a contest of strength to choose a leader. They intended to make the leader a person who was strong enough to lift a large rock and hold it aloft, but the rock was so heavy that nobody could lift it. Gildong gathered his courage and shouted in a loud voice so that all of the bandits could hear him.

"I'm Hong Gildong, the son of Minister Hong from Hanyang. I will try to lift it."

The bandits stared at Gildong wondering what this little boy was doing.

"They say that fools rush in. Go back to suckle at your mother's breast!" the bandits roared, with frightening faces. But Gildong didn't bat an eyelid. Rather, it was the bandits who were startled. To be unafraid and have a confident demeanor in front of frightening bandits was no common thing.

Gildong strode up toward the rock, took a deep breath, and lifted the rock, which was big as a house, into the air. The shocked bandits shouted and clapped. Gildong, holding the rock aloft, walked between the bandits and then dropped the rock with a thud to one side. The bandits shouted their hurrahs as if they had made a promise.

p.34

"Long live our leader, Hong Gildong! Hurrah! Hurrah!"

As had been custom through time, the

bandits and Gildong caught a white horse and shared its blood to drink while swearing their loyalty.

Now Gildong and the bandits became one family. That night in the bandit's den, they threw a feast to welcome their new leader. Gildong mingled with the bandits, drank liquor and ate meat until he was full, and for the first time in a long time, slept deeply in a warm bed.

p.35

At that time, Joseon faced great chaos from both within and without. Seeing the lives of the poor people up close, Gildong, who had lived a comfortable life without difficulties in a nobleman's house, fell deep into worry. The people, starving from an ongoing famine, suffered with debts and became slaves or turned into thieves. A few days later, Gildong, who had been wondering how to help them, gathered the bandits and expressed his will to them.

"Everyone, in the past, we were petty thieves who harassed the people coming and going from the mountain. But from now on, let's not lay a hand on the property of poor people. Instead, let's help the poor people and take the assets of the wicked government officials who seize the wealth from the poor and gorge themselves on it. From now on, the name of our band will be Hwalbindang."

"Hwalbindang" meant a group that saved poor people. At Gildong's words, the bandits all nodded. Gildong and the Hwalbindang made a firm promise to live helping the poor and the weak.

6

Leading the Righteous Outlaws

p.36

Before Gildong became leader of the bandits, they tried to attack and steal from a temple called Haeinsa Temple. Haeinsa Temple was a very large temple where thousands of monks stayed. There were remarkable monks among them as well, but most of the monks were people who had run away because they didn't want to join the army, or those who had committed crimes and were in hiding. They would trick the commoners, saying, "I'll heal your illness. I'll pray to the Buddha so that you become rich," so that they would offer all their money to the temple. It was to such an extent that the temple's shed was overflowing with grain and cloth that they had taken from the people. Gildong, who received a report on this from his men, came up with a plan to steal the belongings from Haeinsa Temple.

In the end, Gildong disguised several of his men and they went together to Haeinsa Temple. Even at a single glance, Gildong, in the outfit of a young nobleman, looked like the son of an important family. When he arrived at the temple, Gildong gathered the monks and spoke.

p.37

"I'll take the civil service exam soon and have searched far and wide for a good place to study, but there's no place as scenic and quiet as this temple. I've made up my mind to stay here for now and prepare for the exam. But aside from the monks, there are so many worldly people here that I think it will interfere

with my studies. I'll give you a few days, so send all of these people at the temple back home."

The monks bowed obsequiously, not daring to raise their heads. They were worried about the son of a minister staying at the temple, but at the same time, were very pleased. This is because they believed that if he placed first in the civil service exam and achieved a high position, he would help the temple.

"As soon as I go down the mountain, I'll order the government office to send 100 sacks of rice here. In 10 days, I'll bring my belongings for my studies and return, so prepare a feast for that day. Do you understand?"

In the end, the monks, thinking a minister's son would have an immense fortune, were so happy that they smiled from ear to ear. They could not have dreamed what Gildong was scheming. They did as Gildong said and sent the people staying at the temple away. After returning to the bandit's den, Gildong sent 100 sacks of rice to the temple.

Ten days later, as he had promised, Gildong went back to Haeinsa Temple. The preparations for the feast were in full swing and Gildong called the monks, who now numbered several hundred, to the valley behind the temple. He told them to eat delicious food as if they had come to the valley for a picnic. When it was time for them to pray to the Buddha, the inside of the temple was completely empty.

p.39

Soon, the feast table came out, as did cooked rice and tteok (rice cakes) made with the rice Gildong had sent. Pretending to eat the food, Gildong took a handful of sand that he had prepared beforehand and secretly sprinkled it over the rice. When Gildong, eating, chewed the sand, the monks sitting next to him were shocked. Gildong spit out the rice and flew into a rage.

"How is it that you've made unclean food? To treat me like a fool and mix rice with sand! Tie these men up tightly with rope and drag them to the village government office at once."

p.40

While Gildong's men who were with him in the valley tied all the monks up with one rope, sat them down, and waited for Gildong to clear them out, his other men went into the empty temple, loaded up the grain and property in the storage shed, and slowly made their way down the mountain road.

A carpenter who had remained to repair a temple building saw the Hwalbindang load up and leave with the belongings, and ran down to the district government office below to report it. The district magistrate took his soldiers and rushed immediately to Haeinsa Temple. But the shed was already empty and only the dumbfounded monks remained, sitting in the temple yard.

"He said that they loaded a wagon full with the belongings, so they won't be able to run away quickly. Search the nearby woods thoroughly!"

The soldiers paired off and searched the woods. Just then, a monk wearing a bamboo hat appeared from far off.

"Have you seen a band of thieves running away with a loaded wagon?"

"Those men were a band of thieves? I saw them on the road here. They're running away on the side road to the north, hurry up and follow them."

p.41

The soldiers thundered up the side road to the north. As soon as they had all left, the monk took off his hat. The monk who had evaded the soldiers was none other than Gildong. Thanks to this, Gildong's men were able to safely escape on the road to the south. Meanwhile, the government office, unable to catch the band of thieves, had to make a detailed report to the king in Hanyang. Once they had deceived Haeinsa Temple and the government office and taken the grain and property, Gildong's men followed him even more loyally. Hwalbindang shared the wealth they had taken equally among the common people.

In this way, Gildong led the Hwalbindang, and when the officials of the eight provinces of Joseon amassed wealth in an illegal manner, they took it from them. With that wealth, they saved the poor and nobody was able to so much as touch the property of the common people or the country.

Whenever the people gathered, they spoke of Gildong.

"Did you hear the news? Last night, Hong Gildong appeared in our district."

"Haha, I heard that too. It was such a relief that I feel as if a toothache has disappeared."

p.42

"Anyhow, Hong Gildong must be so busy he can't think straight. How busy must one be, going around the whole country punishing wicked magistrates one by one?"

The people prayed that Gildong would not be caught. But the country would pester these innocent commoners to tell where Gildong was hiding. When someone talked of Hong Gildong, they were arrested as part of his group, and families that had received wealth from him were arrested for knowing him. The Hwalbindang, which had been created to help the common people, was put in a state that troubled them instead, so as Gildong traveled the whole country, he posted letters.

> I, Hong Gildong, and the Hwalbindang are the ones who have stolen grain and property. If I've done something wrong, I'll take the punishment, so stop tormenting innocent people!
>
> From Hong Gildong

Returning from posting his letter, Gildong made seven scarecrows out of straw. He cast a spell and in an instant, the scarecrows transformed to look just like Gildong. When eight identical Gildongs appeared, his men were shocked.

p.43

Following the eight Gildongs, his men split into groups of 50 and traveled the country, punishing wicked magistrates and officials and saving the poor commoners. Soldiers who received orders to catch Gildong would spend all night watching the town storehouse, but it was no use. They couldn't win against Gildong and the Hwalbindang as they repeatedly used their tricks to empty the storehouses, and escape.

7
Meeting the King

p.44

Reading the reports from all over the country, the king tilted his head.

"This is quite strange. Just what sort of person is Hong Gildong to travel the entire country and make such a fuss? He isn't a ghost, so how on earth can he appear across the country at the same time in the span of one night?"

Eventually, his servants put their heads together and after deliberating, announced that they would give 1,000 yang to anyone who caught Gildong. But Gildong was not easily caught. The king and his servants held a meeting to find a way to catch him.

"Your Majesty, according to rumors, the thief Hong Gildong is the illegitimate son of Minister Hong."

Hearing that a minister's son was thieving, the king grew even angrier and immediately sent soldiers to Minister Hong's house.

p.45

Meanwhile, Minister Hong was so troubled by the rumors of Gildong that he grew seriously ill. He was astounded that his clever and talented son had become a thief who was making trouble across the country. His first son, Inhyeong, had come home to watch after him. Just then, government officials who had received the king's order stormed into the house. Thinking Hong Gildong might be hiding there somewhere, they searched the entire house thoroughly. Minister Hong, who had been dragged out into the yard, spoke, unable to raise his head.

"There has been no news from him since he left home several years ago. Each time I hear about my son, who has committed great crimes against this country, I haven't had a single day of peace. This father, who couldn't teach his child correctly, is greatly to blame so please punish me instead."

"Please give the job of catching Gildong to me. I'll catch Gildong and the Hwalbindang and bring them forward, so please let my sick father go," Inhyeong pleaded with the government officials.

In the end, the officials entrusted the job of catching Gildong to Inhyeong and left. In truth, Madame Yu's son Inhyeong had hardly spent any time with Gildong when they were children. This was because the illegitimate son, Gildong, and the son of the minister's legal wife, Inhyeong, were of different stations. With resentment and hatred for Gildong, who had brought shame to the family, Inhyeong stayed up all night writing letters to be posted around the country.

p.46

Look upon this, Hong Gildong.
Gildong, you and the band of thieves, the Hwalbindang, are bringing chaos to the whole country and the concerns of the king and the common people are without end, so what will you do about this crime? Repent immediately and come back to receive your punishment. Your elderly father is worried about you and is sick and will die soon.

From your older brother, Hong Inhyeong

This letter was soon posted everywhere all over the country, and before a few days had gone by, Gildong went home.

When he heard that Gildong had returned, Minister Hong, who had been lying in his sick bed, pushed himself up for the first time in a long time. When Gildong, who had returned home for the first time in several years, saw his father, who had fallen ill and grown haggard because of him, his heart broke. Inhyeong informed the government office that Gildong had returned. When daylight broke, Gildong was tied up with a rope, loaded into a wagon, and dragged off to the palace where the king resided. Chunseom, who was watching her son from afar, leaned against a wall and cried ceaselessly.

But the next day, Gildongs who had been caught across the country were sent to the palace in wagons. When the eight Gildongs arrived at the palace, the king and his servants nearly fainted. The eight Gildongs were as identical as twins.

p.47

"Just who is the real Hong Gildong? Answer me truthfully!"

The king shouted with a stern look on his face and each of the eight Gildongs began to insist that they were the real Gildong. The dumbfounded king ordered that Minister Hong be brought before him immediately. He thought Gildong's true father would know which one was real. Minister Hong, having been called to the palace, gathered his wits and looked carefully at the Gildongs, one by one. He remembered that when Gildong was born, there had been seven red spots on his left leg in the shape of the Big Dipper, and he checked their legs.

But all of them had spots on their legs and when his last hope of finding his real son disappeared, Minister Hong ended up fainting. As per the law, the Gildongs needed to be punished. But in the end, all of them cried out as one and implored the king to listen to them. The king contained his anger and decided first to listen to the Gildongs. "Your Majesty, we are different from ordinary bandits. Since gathering together under the name of Hwalbindang, we have never taken property from the poor. We have only stolen wealth from the officials who torment the kind common people. And we have used that wealth to help the poor commoners. The real thieves are not us but Your Majesty's own servants there."

p.48

The king nodded his head at Gildong's words and his servants, unable to even open their mouths, lowered their heads in shame. The king was speechless and fell into thought for a moment.

After they finished speaking, the Gildongs bowed to the king without hesitation and stood. Suddenly, in that instant, a cloud of smoke rose up with a pop. When the smoke cleared, in the place where the many Gildongs had bowed, seven straw scarecrows were lying on the ground. While the king and his servants were bewildered, the real Gildong had climbed the palace roof and rode off on a cloud, disappearing far away. Realizing they had been deceived by Gildong, the king and his servants flew into a rage. The next day, a letter Gildong had left was posted near the palace where the king resided.

p.50

"For all this time, as I've stayed only in the palace, I believe I haven't understood the suffering of the common people. If Hong Gildong uses his talents well, it seems he can chase out corrupt officials and help the peasantry. I'm making Hong Gildong the Minister of War immediately, so post up a notice."

Gildong and his men read the notice that as per the king's order, Gildong would be given the position of Minister of War, and together they headed for the palace.

The people who welcomed Gildong and the Hwalbindang flocked around the palace like clouds. Gildong, who met the king not as a criminal but rather to be given a government post, bowed in thanks.

"Your Majesty, I am so very pleased to see you once more. However, I respectfully decline the position of Minister of War. I am thankful enough just for you trusting me. My meaning in requesting the position from Your Majesty was to ask you to open the way for illegitimate children like myself to become government officials without discrimination. There are many people who possess great learning and virtue but cannot become government officials because of their status as illegitimate. Please correct the unjust law that discriminates against illegitimate children."

> My wish is to become the Minister of War. If the king gives this position to me, I will work hard for the country.
>
> From Hong Gildong of the Hwalbindang

The people who gathered in front of the letter divided into a side who thought Gildong should be made the Minister of War and a side who thought that was ridiculous, and a bout of fighting broke out. The king, who was troubled, called his servants to gather together.

p.51

The king nodded at Gildong's words.
"I will leave and go far away now. May you become a benevolent king who keeps far

away from disloyal servants and watches out for the difficulties of his people."

A many-colored cloud descended from the sky and covered the palace. Gildong boarded it lightly. He bowed once more to the king and then disappeared into the sky.

8
In Search of a New Land

p.52

Riding in a large boat together, Gildong and the Hwalbindang felt their hearts bursting with hope for a new world. Gildong, who had refused the position of Minister of War and left, had a great dream. With his own hands, he wanted to build a world he had dreamed of for a long time, where anyone would want to live.

Because the people who had left on the boat had lived only in the mountains for so long, the long voyage was very difficult. The place where they arrived and lowered their sails was an uninhabited island. But they weren't disappointed, and they began cutting down trees to build houses and plowing the rough earth to farm. In spare moments between their hard work, the young men did military training as well. This was to protect the island from Japanese pirates.

A short while later, Gildong ordered his men to build a port. In order for ships traveling to do business in various countries to come and go, a port was required.

p.53

Before long, merchants riding ships filled with unusual goods from far away countries began to come and go through the port. The small island became a rich and powerful one, full of people.

Time passed and when Minister Hong's illness grew severe, he called for his wife and Inhyeong and left them his will.

"I have no regrets about dying, but it does bother me that I know nothing about Gildong's life or death. If he's alive, he'll come calling, so don't treat legitimate and illegitimate children differently and take good care of his mother."

After Minister Hong breathed his last breath, the entire household sank into a bitter sadness. Everyone held back their sadness and prepared for the funeral. Inhyeong sought a suitable place for a grave, but there was none and he grew worried. Just then, someone was lying down in front of the deceased Minister Hong and weeping bitterly. When Inhyeong looked closely, he saw it was Gildong.

The chief mourner, Inhyeong, took Gildong and had him greet Madame Yu, and let him

see his mother Chunseom as well. And then he told Gildong about the concerning situation that he was unable to find a suitable place for their father's grave. Gildong had acquired a good site for their father, so he told Inhyeong not to worry and Inhyeong was very happy.

p.54

The next day, Gildong, along with his mother and Inhyeong, carried the body to the island where Gildong lived, riding a boat and crossing the ocean. When the party arrived on the island, they buried their father in the mountains and went back to Gildong's house together, and Gildong's wife greeted her mother- and brother-in-law. Seeing the work Gildong did and the way he lived, Inhyeong and Chunseom couldn't help but be surprised. On the island, the Hwalbindang did not worry about having enough to eat and lived happily without quarreling.

9

Becoming the King of Yuldo Island

p.55

On the island, everyone was at peace without worries. Gildong and his wife loved their people, and the people respected Gildong and his wife as well. They farmed diligently to prepare food and the men trained hard in their military training and developed their strength. The people were so happy that they could wish for nothing more.

However, the Kingdom of Yuldo Island to the south was wide and had fertile land,

and was a good place to live. Gildong had long thought about Yuldo Island, and after consideration, decided to attack.

"I'm going to strike at Yuldo Island. Everyone follow me, with your bodies and your hearts!" With his soldiers, Gildong boarded dozens of ships and headed for Yuldo Island. When Gildong took the lead, the morale of his soldiers seemed to reach the sky.

p.56

When they reached Yuldo Island, Gildong led 50,000 of his well-trained soldiers and fought in the advance guard.

When the governor-general of Cheolbong of Yuldo Island saw that the army had unexpectedly arrived, he was greatly surprised and reported to the king. At the same time, he led a group of soldiers to rush out and fight Gildong. But Gildong cut down the governor-general at once and after taking possession of Cheolbong, he calmed and comforted the people there.

Afterwards, Gildong entrusted his men with Cheolbong and conducted his troops to strike the castle of Yuldo Island, first sending a letter.

Hong Gildong says to the king of the Kingdom of Yuldo that a king is not the ruler of one but the ruler of all the people of the world. I have received a mandate from heaven and raised an army, and after first vanquishing Cheolbong, will rush in like a flood, so if the king wishes to fight, then fight, and if not, surrender early if you aim to live.

The king of the Kingdom of Yuldo read the whole letter and was greatly surprised, and shouted, "Cheolbong, which I believed in steadfastly, has been lost, and now how can we resist them?" And then he commanded all of his men and surrendered.

p.57

Gildong entered the castle and first calmed and reassured the people of the Kingdom of Yuldo Island. As the new king of Yuldo Island, Gildong became a great leader who looked after the difficulties of his people. He released criminals who had been locked away unjustly and he opened the country's storehouses and distributed grain evenly among the starving people. And the Hwalbindang and the people of Yuldo Island came together to form a new Kingdom of Yuldo Island. In this new kingdom, there were neither rich people nor poor people. It was a country of equality, without noblemen or slaves. Nobody was high or low, and there were no masters or servants. Moreover, there was no discrimination between legitimate and illegitimate children that Gildong had experienced in Joseon. Anyone could eat well if they worked hard, and even without walls, they didn't worry about thieves. It was a country where, in each village, the laughter and singing of the people had no end.

p.57

The Kingdom of Yuldo Island became the only place of peace in this world. Word of the new king Gildong spread to far-off countries. Thirty years after he became the king of Yuldo Island, Gildong, at 72 years old, turned the throne over to his son and left for a better world.

MEMO

MEMO

Darakwon Korean Readers

홍길동전 The Story of Hong Gildong

Adapted by Kim Yu Mi, Lee Young-do
Translated by Jamie Lypka
First Published June, 2022
Publisher Chung Kyudo
Editor Lee Suk-hee, Han Jihee, Park Inkyung
Cover Design Yoon Ji-young
Interior Design Yoon Ji-young, Yoon Hyun-ju
Illustrator SOUDAA
Voice Actor Shin So-yun, Kim Rae-whan

Published by Darakwon Inc.
Darakwon Bldg., 211 Munbal-ro, Paju-si, Gyeonggi-do
Republic of Korea 10881
Tel : 82-2-736-2031 Fax : 82-2-732-2037
(Sales Dept. ext.: 250~252, Book Publishing Dept. ext.: 420~426)

Price 10,000 won

ISBN 978-89-277-3293-8 14710
978-89-277-3259-4 (set)

Visit the Darakwon homepage to learn about our other
publications and promotions and to download the contents of
the MP3 format.

http://www.darakwon.co.kr
http://koreanbooks.darakwon.co.kr